甘肃省“十三五”教育科学规划课题
“基于图画书开展幼儿园教育活动的策略研究”
（GS[2017]GHBZ030）研究成果

基于图画书
开展幼儿园教育活动的策略研究

王丽娟 · 著

蘭州大學出版社
LANZHOU UNIVERSITY PRESS

图书在版编目（CIP）数据

基于图画书开展幼儿园教育活动的策略研究 / 王丽娟著. -- 兰州 : 兰州大学出版社, 2017.11
ISBN 978-7-311-05151-8

Ⅰ. ①基… Ⅱ. ①王… Ⅲ. ①学前教育－教学研究 Ⅳ. ①G612

中国版本图书馆CIP数据核字(2017)第107906号

策划编辑 田小梅
责任编辑 李 丽
封面设计 郇 海

书 名 基于图画书开展幼儿园教育活动的策略研究
作 者 王丽娟 著
出版发行 兰州大学出版社 (地址:兰州市天水南路222号 730000)
电 话 0931-8912613(总编办公室) 0931-8617156(营销中心)
0931-8914298(读者服务部)
网 址 http://press.lzu.edu.cn
电子信箱 press@lzu.edu.cn
印 刷 北京虎彩文化传播有限公司
开 本 710 mm×1020 mm 1/16
印 张 14.25(插页4)
字 数 202千
版 次 2017年11月第1版
印 次 2017年11月第1次印刷
书 号 ISBN 978-7-311-05151-8
定 价 32.00元

作者简介

王丽娟，副教授，女，汉族，1975年生。获西北师范大学硕士学位。在兰州城市学院幼儿师范学院承担学前教育学、幼儿园班级管理和学前儿童语言教育等课程的教学工作。2005年9月至今任兰州城市学院幼儿园园长，管理学院东西校区两所幼儿园。

近年来主持地厅级课题“在阅读中培养幼儿学习品质的实践研究”“基于图画书开展幼儿园教育活动的策略研究”“乡村幼儿园健康教育课程体系研究”等三项，参与省级、地厅级课题“学前教育本科专业渗透式实践教学方案研究”“教育精准扶贫背景下甘肃乡村幼儿园教师专业能力评估与援助策略研究”“行为矫正技术视域下的学前儿童社会技能训练”等三项。作为第一作者在《学前教育研究》（CSSCI）发表《促进幼儿园新入职教师专业发展的策略》《幼儿园中层管理者驻班管理探索》《幼儿园教研活动的目的与实施策略》《当前农村幼儿园教师培训存在的问题及其对策》等论文4篇，在《内蒙古师范大学学报》（北核）发表论文《幼儿园聘用教师建设中存在问题及对策研究》，在省级刊物发表论文20余篇。编著《甘肃学前教育发展报告［1921-2014］》《3-6岁儿童社会技能训练：思想与方案》等著作2部，参编《幼儿教师礼仪基础教程》《幼儿教师教育技能综合训练教程》《幼儿园教育环境创设》《幼儿园课程与活动设计》《幼儿园教师专业发展》等教材5部。

2011年获兰州城市学院教育教学成果特等奖，2012年获省级教学成果一等奖，被评为兰州城市学院优秀指导教师，在兰州城市学院与兰州市城关区幼儿园教学交流及观摩活动中荣获优秀指导奖，2013年获安宁区好园长称号，2014年获宋庆龄幼儿教育奖提名奖，2016年获甘肃省高等学校科学研究优秀成果奖（人文社会科学）二等奖。被聘为教育部“国培计划”甘肃省幼儿教师培训项目培训者，被聘为兰州市第八届、第九届、第十届幼儿园教师教学新秀总评评委。

序 让早期阅读相伴幼儿美好童年

早期阅读源自幼儿生命本源对外部世界的探究，是融观察、记忆、思维、表达、创造等为一体的认知和经验积累活动，是幼儿了解客观世界、熟悉各种环境、学习与人交往、丰富童年生活、发展语言与表达的重要手段之一；早期阅读需要成人以阅读者的身份加以关照和引导，营造温馨自然的伴读或共读环境，运用科学有效的方法，让幼儿体验书香味道和阅读乐趣，进而养成爱阅读、会阅读、会思考的自主阅读习惯和能力，并弥漫、伴随幼儿整个生活环境和童年，成为幼儿的精神享受。

“童年短暂，但因为有了优质阅读，孩子们的一生都有可能优质。”儿童文学作家梅子涵教授如是说。阅读，对于人的一生极其重要；早期阅读对于幼儿的成长和发展具有举足轻重的作用。正是如此，早期阅读引起了家庭、幼儿园和社会的普遍关注。然而，受多种因素特别是功利思想影响，加之不了解幼儿认知和学习特点，一些家庭和幼儿园赋予早期阅读太多的不切实际的含义与期望，使早期阅读变了味。一是阅读的功利化。成人以“长远的目光”将早期阅读与幼儿未来进行展望式联想，强调死记硬背，而且坚信“只要功夫深铁杵磨成针”，违背幼儿身心发展规律。二是理所当然的臆断。成人以自我陶醉式的导读，自以为是的提问，想当然的说理布道，让幼儿识记、接受所谓“有用的”知识和道理，有悖幼儿学习特点和教育规律。三是居高临下的教化。成人自己“丢失”了的阅读者身份，却建立一套“你要读书”的行为模式，并通过书写背诵、“正确”答案、巩固练习等量化、任务方式，来强化幼儿对“知识”的掌握，致使幼儿还未上学便已厌学。不仅如此，成人的这些想法和做法，还直接导致阅读作品的事件、开端、发展、高潮与结局，情节的审美性、愉悦性和人文关怀，角色的形象性、功能性和相互关系，文学语言的想象性、逻辑性与虚拟性，书籍装帧的形式美感、视觉映像的艺术性和审美性丧失殆尽，更使幼儿的自主性、思维性，良好的阅读和思考习惯，作品内隐的冲突、美感、情感以及与作品的对话体验等，在追求内容知识化、实践形式化、目的功利化的过程中，在幼儿掌握、理解所谓知识和道理的被动接受中，被淡化或抹杀了。那么，如何使幼儿养成良好阅读习惯，成为真正的阅读者呢？

首先，早期阅读要摒弃功利化。早期阅读的核心在于让幼儿喜欢阅读、爱上阅读，拥有洞察世界的眼睛、积极向上的态度、善于思考的大脑、健康优雅的人生。

早期阅读要丰富多样，以养成幼儿主动获取各种信息，以及看、听、读、思的一整套自动化阅读习惯。“培养幼儿对生活中常见的简单标记和文字符号的兴趣。”“利用图书、绘画和其他多种方式，引发幼儿对书籍、阅读和书写的兴趣，培养前阅读和前书写的技能。”这不仅是《幼儿园教育指导纲要》所要求的，也是幼儿身心发展特点所决定的。幼儿园不仅要提供符合年龄特点、多样化的图书，创设会“说话”的教育环境和活动区角，让幼儿在潜移默化中喜欢阅读和表达，而且要与家庭合作共同创设爱书、读书的条件和氛围。家园双方要善于利用各种教育资源。如书香校园、琅琅书声，书店和图书馆琳琅满目的书籍、读书的人们，商场物品名称、包装说明，街道的广告牌、路名牌、公交站牌、企事业单位名牌等，都是幼儿在轻松、愉悦的环境中，自然习得书面语言、提升阅读水平的有效方式。

其次，成人自身应该是阅读者。早期阅读不仅研究幼儿的阅读及其有效性，还关注幼儿与成人的共同阅读及其互动性和有效性。一方面，阅读，是一个鲜活生命用心倾听、感悟另一个生命的述与说，或兴发两个生命心与心相通的刹那间的感动，或引起共鸣或激起探究欲。另一方面，要相信幼儿和成人一样，是有智慧的人、有美感的人、有思想的人，他们愿意读书并喜欢读书，因为书中有他们的所需所求。所不同的是，阅读中的幼儿其心灵要比成人“飞”得更高更远……所以，幼儿园教师和家长要充分认识到自己首先是阅读者，而非授业者或施教者。只有自己成为真正的阅读者并“以身”熏染，尊重彼此特别是幼儿的阅读者身份，建立以幼儿为本的、读者间的平等互动关系，共享各自对作品的感悟、思考、智慧与收获，幼儿自然会养成边思考边阅读、边阅读边思考的好习惯。

师幼之情、亲子之爱的身教伴读，尤其是共同阅读所呈现出的窃窃私语、静念默思、会心一笑等互动情境，正可谓“池花对影落”。这，才是阅读者成长所需的环境氛围。如此，幼儿怎么会不爱阅读、不会阅读呢！

三是培养幼儿成为阅读者。阅读是从文本或直观（视觉）材料中获取信息的过程。是读者与文（图）本作者的对话，既是理解、领悟、吸收、鉴赏、评价和探究的思维过程，也是人类精神文明与发展进步的源泉。这是一种学习借鉴，一种感悟体验，一种再造想象，一种生活态度。早期阅读是幼儿凭借色彩、图像、符号、文字获取信息或成人声情并茂朗读、直观形象解读的活动总和。这一活动需要幼儿通过一系列的行为动作来实现，包括翻阅动作、阅读方式、持续时间、专注程度、图文观察、表达创造等外部行为，以及图文信息处理、加工、思考、探究等心理过程。概言之，阅读是对形符、句法和语义三种既有关联又有区别的信息进行加工处理的过程（K. S. 古德曼，1972）。从这个意义上讲，幼儿对形符、语义信息进行加工处理的过程就是其阅读的主要方式。

“阅”是观察和浏览式的“泛读”过程。这是幼儿调动或运用不同于日常观看的认知观察，对读物所表现的人（动）物动作、表情、色彩以及景物、场景的观览，结合已有经验形成心理图像或内部语言（具象符号与抽象符号相互转译），以此理解读物形符或语义，实现最初的阅读（前阅读）。

“读”是理解、想象和表述的“精读”过程。这一过程需要幼儿调动已有经验，将读物中的人、事、物与相关生活或情境相联系，展开联想或猜想，再用自己的语言、动作、表情等准确传达出来。可以说，理解、想象和表述是幼儿阅读从无声到有声的信息处理与加工过程。这一过程不仅是幼儿阅读与阅读理解的外化反应，也折射出幼儿阅读与阅读理解的程度。

对于幼儿来说，“阅”和“读”缺一不可，“阅”是“读”的重要预备活动，但只有“阅”是不够的，有了“读”阅读才具有实际意义。对此，苏霍姆林斯基《给教师的建议》中这样说：“在阅读的同时能够思考，在思考的同时能够阅读。”“必须使阅读能达到这样一种自动化的程度，即用视觉和意识来感知所读材料的能力要大大地超过‘出声地读’的能力。前一种能力超过后一种能力的程度越大，学生在阅读时进行思考的能力就越精细——而这一点正是顺利地学习和整个智力发展的极其重要的条件。”若使幼儿的阅读由动态到静态、由片段到完整、由无声到有声、再从有声到无声，奠定“自动化”阅读基础，就需要成人的引导帮助和精心指点。

幼儿园教师和家长应善于引导幼儿“用视觉和意识来感知所读材料”：在认真观察（尤其是细节）、专注阅读和思考中感知、理解故事内容；在交流互动、大胆猜想中思考角色、故事情节的逻辑关系；创造性地想象、推测故事情节转折、发生的可能；心口一致地表达与表现；思考所听所看，养成回忆反思、归纳总结的阅读习惯，在此基础上，广泛迁移、拓展阅读、开阔视野。长此以往，幼儿“在阅读时进行思考的能力就越精细”，逐步形成主动、专注的阅读品质，成长为真正的阅读者。

对此，王丽娟副教授在书中有充分而翔实的论述。这本书是她在梳理总结2013年省级立项课题“在阅读活动中培养幼儿学习品质的实践研究”成果基础上，结合幼儿园保教实践和家庭教育诉求编著而成的。书中不仅阐述了研究的目的、内容、价值意义、基本思路、框架结构和研究方法，国内外早期阅读的相关研究评述，以及图画书的概念、分类和特点等基本内容，还基于图画书教学、使用现状分析，以图画书为载体从幼儿园开展领域和主题教学、家庭阅读指导、家园共读共育环境创设等视角提出支持策略，凸显应用研究价值。尤其是对开本与装帧、结构与构图、造型与色彩、笔触（细节）与风格等图画书的形式、表现语言，以及从“阻力”到“助力”、从“图像”到“图感”、从“图感”到“语感”等图文信息理解与阅读能力获得等方面的深入分析与阐述，更是为教师和家长进一步了解图画书、引导幼儿科学阅读提供了有力支撑。书中所录案例丰富多元、图文并茂，有领域有主题，有想法有操作，有理论有实践，有过程有结果，这不仅是研究的过程性资料呈现，更体现了研究的目的性、针对性和有效性：透过案例让教师和家长明确了内容方法选择应结合幼儿年龄和学习特点，增强了早期阅读、亲子阅读和幼儿园阅读教学的程度性、相长性和示范性。它点亮了全书。

近年也为一些幼儿园、学者的研究成果和著作写过序言，为同事作序丽娟老师是第二位，虽做同样的事情，内心却五味杂陈。第一位是已故同事，我所敬仰的师长、为甘肃学前教育专业人才培养穷其一生的许万里先生。他人已逝，却为我们留下了一生创作的儿童音乐作品及其从事学前音乐教学的经验与心血——《歌吟童心》。今天，手捧这份遗产显得格外厚重。再就是我年轻的同事，又曾为学生的丽娟老师。她的成长是我所目睹的，我以有这样优秀的同事、事业后继有人，感到自豪和骄傲！在甚感欣慰的此时内心却是不平静的，我纠结在成绩与付出、收获与辛劳、前人与后人、当下与未来之间。一些读者通常看到的是“书”，却甚少了解书的“背后”。面对我熟悉的人的书，尊重、崇敬、怜惜等词不足以或不能准确表达我复杂的心理。虽如此但我深知并坚信：书有“灵魂”，是用“心”之作而非“笔”写，是心血与价值的结晶。而且丽娟老师的书让我知道，我们的新一代在幼儿园老师的精心培育和熏陶下，在家庭环境的浸润中，懂得了什么是“书”、如何读书，并行进在以阅读为伴的路上！孩子，已然成为阅读者，阅读的受益者。正如丽娟老师所言：作为母亲，和女儿一起爱上阅读。当我挑灯夜读或写作时，女儿总是乖巧地在一旁或作业或读书，从小养成了良好的阅读习惯并成为早期阅读的受益者。想想看，这是多么温馨美好的画面！我能感受到丽娟老师的惬意与骄傲，因为我的女儿也是阅读的受益者。其实，这是许多孩子和家庭的真实写照。

阅读是快乐的，阅读是可以享受的；爱阅读、会阅读其实是一种生活方式，一种品质，一种幸福，而且这种有品质的生活方式和幸福是会感染、蔓延的。这或许就是早期阅读及其理想所要达致的目的与境界。

老师们、家长们，一切关心孩子健康成长的人们，让我们携起手来，共同营造良好阅读环境和条件，让早期阅读伴随所有孩子的美好童年，并使其成为阅读者！

是为序。

兰州城市学院学前教育研究所所长、教授 沈建洲

2017年初春

前　言

FOREWORD

2005年我被学校派到兰州城市学院实验幼儿园担任园长职务，初到幼儿园，我经常思考的问题是：幼儿园的办园特色是什么？幼儿的发展目标是什么？茫茫然不知方向在何处。2007年一个偶然的机会我遇到了图画书，一看到图画书当即被其优美的图画所打动，立刻为两岁的女儿购买了100本图画书，在和女儿亲子阅读的过程中，我才真正认识了图画书，了解了图画书，更和女儿一起爱上了图画书。那时一个美好的愿景在头脑中浮现：充分利用图画书资源培养爱阅读的幼儿。因我是一名母亲，早期阅读的重要性早已获知，也在努力培养爱阅读的女儿；同时我是一名高校学前教育专业的教师，自己的成长经历、工作体验更让自己对儿童早期阅读教育格外关注。我想，将图画书引入幼儿园的渊源也是从这里开始的。

众所周知，进入21世纪以来，以美国为代表的发达国家极为重视儿童早期阅读教育，这些国家纷纷出台与早期阅读教育相关的法案，制定课程标准与指导，大规模进行阅读教学实验，掀起了早期阅读教育的浪潮。受到这股浪潮的影响，我国幼教界也逐渐开始重视早期阅读教育。图画书是开展早期阅读教育的最佳素材，对图画书的研究正是在国家重视早期阅读教育的前提下逐渐受到文学家、教育家、幼教实践工作者的重视。

基于图画书开展幼儿园教育活动的策略研究是省级课题“在阅读活动中培养幼儿学习品质的实践研究”的后续研究成果。本研究是在图画书阅读教学研究、图画书班级共读研究的基础上，扩展了图画书在幼儿园应用的范围，采用质的研究方法，深入研究了以图画书为素材在幼儿园开展各种类型教育活动的策略，探究以图画书为纽带建构早期阅读家园共育平台，如此等等，则只为一个目标——培养爱阅读的幼儿，逐渐形成和丰富幼儿园的办园特色。

本研究的价值一方面在于让图画书充分发挥其价值，成为幼儿园重要的教育资源合理利用；另一方面，帮助家长树立正确的早期阅读观念，让图画书阅读的美好镌刻在幼儿的心灵深处。在研究中也不难发现，许多优秀的图画书是由国外引进的，虽然体现了我国出版业对国外优秀作品的开放心态，也显现了我国图画书创作和出版的现实状态；图画书的价值在现实使用中被严重扭曲，许多的家长甚至教育工作者只是把图画书作为幼儿识字或教化的工具，正因为如此一部分幼儿正在逐步丧失图画书阅读的乐趣，图画书远离了幼儿的生活乃至内心世界，图画书没有作为一种重要的教育资源得到充分的利用。本研究基于以上目标并试图改变现状而深入开展，本书则是基于图画书开展幼儿园教育活动的策略研究的回顾和阐述。全书共分为六章：

第一章，引言，主要介绍研究的目的、意义和价值，回顾国内外图画书阅读教学的相关研究，并对基本概念进行解释。

第二章，阐述研究的问题，确定研究的基本思路、框架和方法。

第三章，图画书的认识与理解，阐述了图画书的概念界定、分类、特点，结合案例分析图画书的文字叙述、图像表达和从图文信息解读图画书。

第四章，研究者深刻分析了幼儿园教育活动实施现状和图画书在幼儿园的应用现状。

第五章，研究者详细阐述了基于图画书开展幼儿园教育活动的策略，从以图画书为素材开展领域教学活动、主题教学活动的策略和基于图画书开展幼儿园教育活动应注意的问题三个方面进行阐述。

第六章，研究者阐明了基于图画书创设家园共育阅读环境的策略，从幼儿园阅读环境创设策略、家园共育阅读环境创设策略、以图画书为载体的家园共读成效与问题分析三个维度进行阐述。

图画书是最适合幼儿阅读的图书，当他们咿呀学语时，就会对色彩鲜艳的图画书感兴趣，从一本薄薄的书上看外面的世界。作为教育工作者，通过图文并茂的图画书、成人生动形象的朗读和幼儿园以图画书为素材开展的系列活动，实现幼儿口头语言向书面语言过渡，获得前阅读、前书写、前识字的兴趣、习惯和技能，以达到语言、思维、想象和个性等协同发展的作用。本研究基于实践，以质化研究的方法对基于图画书开展幼儿园教育活动的策略进行了研究，希望能对幼儿园的教师们开展幼儿园教育活动有所借鉴，希望能对幼儿家长开展亲子共读有所启发。

王丽娟

2017年1月

目 录

CONTENTS

第一章 引 言

幼儿园办园质量的高低直接影响到幼儿的发展，而评价幼儿园质量的核心则是幼儿园教育活动的质量，与此同时早期阅读的价值毋庸置疑。以提高幼儿园教育活动质量为目标，以不增加幼儿园课程内容为基础，同步实现早期阅读的价值则是研究者多年来在幼儿园教育实践过程中一直思考的问题。图画书的出现让研究者为之心动，其内容丰富，图画形象，思想深邃，意境唯美等特点恰恰可以使其在幼儿园教育中更大限度地发挥功能和作用。一个大胆的研究假设在头脑中逐渐浮现，充分利用图画书的特点和功能，让图画书在幼儿园教育活动中发挥作用，既是教学活动的资源又是区域活动的资源，既在幼儿园发挥作用也能在家庭中发挥作用，不仅是幼儿园教育活动的材料更是促进家园共育的载体，于是基于图画书开展幼儿园教育活动的策略研究这一研究思路就此产生。

第一节　研究的目的与意义

关于图画书的研究是多维的、立体的，不同领域的学者和专家从不同的视角进行了深入的研究。教育者寻求的是借助图画书培养儿童的阅读兴趣和阅读能力,使儿童的语言、思维、想象和个性等方面协同发展;图画书出版商借助的是这股东风,出版大量的儿童读物,在图书多样化发展的同时,实现声誉和经济利益的双赢;家长则想利用图画书开发儿童的智力和培养儿童的良好品格;文学家则从图画书的文和图入手,分析图画书的语言之美和立意之高。本书依托前人的研究,试图在分析图画书文和图的基础上将艺术之美和教育之力结合在一起,以实现幼儿园教育活动的质量提升。

一、研究目的

透过图画书的发展历程,研究者似乎看到了一个个教育家、文学家和艺术家为儿童群体的精神家园辛勤耕耘的身影,也看到了图画书200年来所积累的艺术和精神的财富仍然散发着慈爱、博大、玄妙的魅力。一本本精美、诗化、鲜活、有趣的图画书呈现在儿童的面前,滋养着他们成长,从图画书历史发展的轨迹中探寻到的本质则是"蹲下来和儿童对话"的启迪。因此在研究中和优秀的图画书创作者一样,心中有儿童,本着儿童第一的理念,从儿童学习的特点出发,将一本本优秀的图画书自然而然渗透在幼儿园教育活动中则是本研究的第一要义。

(一)有效开展幼儿园教育活动成为幼儿园教育质量提升的关键

幼儿园教育质量的提升获得国际社会的广泛关注,幼儿园教育活动的质量则是幼儿园教育质量的重要体现。因为幼儿园教育活动的设计与组织实施是专业教师应用教育原理来分析研究教育现象,推动和保证幼儿园教育工作科学化、高质量、高成效进行的关键因素。在幼儿园教育活动过程中,教师要有目的、有计划地利用幼儿园所提供的环境和材料,通过教师和幼儿双向的交流和作用以促进儿童身心发展。当今儿童的阅读能力则被视为重要的具有很高价值的能力。1997—2000年哈佛大学教育研究院的国际著名儿童语言学家凯瑟琳·斯诺(Catherine Snow)就美国的早期阅读教育问题提交了题为《在早期预防儿童阅读困难》的研究报告,报告指出,全美学习困难儿童中大约80%属于阅读困难。另一项研究表明,那些在小学三年级阅读方面的差生，一般都会成为高中阶段成绩很差的学生，许多人甚至无法从高中毕业(Burns, etal, 1998)。因此研究者疾呼：阅读是学习的基础，要重视早期儿童阅读教育的价值。

我国2012年颁布的《3–6岁儿童学习与发展指南》(以下简称《指南》)，语言领域两个子领域包括倾听与表达、阅读与前书写两个方面，指出儿童阅读能力培养的重要性。学前教育专家周兢老师在对《指南》语言领域的解读时特别指出，图画书是最适合幼儿阅读的材料，强调图画书对促进幼儿阅读能力有重要意义。《幼儿园教育指导纲要(试行)》(以下简称《纲要》)第三部分“组织与实施”第二条指出，幼儿园教育活动是教师以多种形式有目的、有计划地引导幼儿生动、活泼、主动活动的教育过程。鉴于幼儿园教育活动呈现形式的多样性，图画书阅读在幼儿成长中的重要性，基于图画书设计与组织多种形式的教育活动以促进幼儿阅读能力的发展、提高幼儿园教育活动的质量则是本研究的重要问题。

(二)当前幼儿园教育活动实施困境

本书以作者工作的兰州城市学院实验幼儿园为例进行阐释。兰州城市学院实验幼儿园的教育活动内容源自甘肃省教育厅审定的三套幼教教材中的一套。教材由教师用书和幼儿用书两个部分组成，分为六套，大中小班各两套，每套教材共四册，分四个月完成，每个月有一个主题，在主题引领下向五大领域拓展。

从教材的主题选择来看，遴选了幼儿感兴趣的且与幼儿生活密切相关的内容，透过五大领域的教学活动，让幼儿对教学内容有初步的认识和理解；从教师使用教材的情况看，教师每天按照既有的教学设计开展教学，循规蹈矩，日复一日年复一年，既缺乏对教学方法的改善，更缺乏教学内容的创新；从教师专业发展的角度看，沿用已经设计好的教学活动设计，缺失了教师对幼儿园教学活动设计的机会，在教学活动实施过程中仅关注了教学活动的完成，并未关注幼儿在活动中的表现、成长与进步，最重要的是丧失了幼儿园教师专业发展中最重要最核心的反思精神，一成不变的教学活动设计与实施最终只会将幼儿园教师反思和创造的热情逐渐磨灭。

（三）研究者个人对早期阅读材料与阅读方式感兴趣

图画书作为最适合幼儿阅读的材料在2008年引入兰州城市学院实验幼儿园。对图画书研究第一个阶段的重点是以图画书为载体设计单个的语言教学活动，由于图画书内容的丰富性，又拓展为不仅可以设计语言教学活动，也可设计其他领域的教学活动。此阶段，图画书作为赏析的对象或者是幼儿口语学习的素材，教师虽然会借助图画书与幼儿进行讨论，但教学目标定位在让幼儿听懂故事，了解故事情节，掌握词汇与句型，是传统语言领域的故事和看图说话活动的拼和。2011年研究者考察台湾的幼儿教育，将台湾图画书班级共读活动经验引入幼儿园。图画书班级共读为每月选择一本图画书，幼儿人手一本，教师和幼儿利用下午的时间共同阅读，教师鼓励幼儿仔细观察画面、积极大胆表达、探讨感兴趣的话题，并开展亲子共读、亲子共记、亲子共绘等活动。此阶段教师和家长对图画书阅读对幼儿发展的认识、对早期阅读重要性的理解、对图画书文字和图画的关系等有了进一步的了解。但重点是通过以阅读为主的综合活动，如读、演、画、编等方式，实现养成良好阅读习惯和提高良好阅读技能的培养目标，教师对图画书本身的关注超过了对幼儿活动本身的关注，这是研究的第二个阶段。

分析此阶段的研究，发现图画书在幼儿园教育活动中使用的现状不容乐观，具体表现在以下几个方面：一是仅作为幼儿园语言教学活动的素材，未能开展其他领域的教学活动；二是仅在幼儿园专门的教育活动中发挥作用，未能渗透到其他教育活动中并发挥作用；三是仅作为幼儿园图书馆建设的需要，未能为家庭阅读环境创设提供有力支持。

笔者在对图画书八年深入研究的过程中深刻感受到图画书内容的丰富性和图画表现形式的多样性，以及幼儿对图画书阅读的浓厚兴趣。笔者分析了现有幼儿园教材和图画书在幼儿园教育活动中使用的现状，尝试在原有图画书研究基础上，用一种新的视角思考图画书在幼儿园教育活动实施中的价值，探究借助图画书设计不同领域的教育活动；探究以图画书为素材开展渗透的教育活动；探究图画书成为幼儿园和家长之间的纽带，吸纳家长资源，建构家园共育的阅读环境。基于图画书开展幼儿园教育活动实质就是充分意识到图画书资源的丰富性，充分意识到阅读对幼儿发展的价值与作用，有意识地将幼儿阅读能力的发展与各种形式的教育活动结合起来，使图画书真正成为幼儿成长的凭借，使幼儿园教育活动更具整合性、趣味性和动态性。

二、研究意义

（一）理论意义

首先基于图画书开展幼儿园教育活动的研究丰富了此领域的研究内容。本研究以图画书阅读相关理念为理论背景，以图画书为素材开展五大领域教学活动的研究为基础，将图画书作为主题内容并生成五大领域的教学活动，成为游戏活动的素材和家园合作的媒介，强调学期、月、周、日教育目标的整合，强调一日生活中学习活动、游戏活动、生活活动的整合，强调领域间内容的整合，强调生成活动和预成活动的结合，使图画书阅读活动自然地渗透在幼儿园环境和一日活动中，以培养热爱阅读、全面发展的幼儿。其次基于图画书开展幼儿园教育活动的研究既能充分发挥图画书的功能和价值，又能避免园所课程超载的问题，能为其他幼儿园开展早期阅读活动提供可借鉴的实践模式。

（二）实践意义

本研究除了具有理论意义之外，在幼儿园课程建构的过程中，还具有以下实践意义。

1. 促进了教师专业发展

《幼儿园教师专业标准》（以下简称《专业标准》）中提出，幼儿园教师的专业能力包括环境创设与利用、一日生活的组织与保育、游戏活动的支持与引导、教育活动的计划与实施、激励与评价、沟通与合作、反思与发展七个方面的能力。在本研究中，教师要了解本班幼儿已有发展状况、阅读现状，要运用已有的专业知识选择适合开展幼儿园教育活动的图画书，并以图画书的内容为主题设计五大领域的教学活动，支持幼儿开展与主题活动相关的游戏活动，并主动反思整个教育活动的质量。在此过程中，幼儿园教师要撰写活动设计、游戏方案、教育笔记、观察记录、教学反思，教师教育活动设计与实施的能力、游戏活动支持与引导的能力、反思的能力、合作的能力均获得了发展。

2. 升华了园所特色

所谓幼儿园特色，不是喊出来、吹出来的，更不是在幼儿园的名称中体现的，而是在多年的幼儿园实践过程中逐渐形成的。在本轮研究中，幼儿园在已有图画书研究的基础上，进一步明确了用阅读来积淀的办园特色，在这一办园特色的引领下，幼儿园在阅读与环境、阅读与家园共育、阅读与幼儿学习等方面开展了一系列有益的探索与实践。以图画书为素材开展幼儿园教育活动实质上是为了培养爱阅读的幼儿，当幼儿园的培养对象幼儿在潜移默化中逐渐养成阅读习惯、获得阅读能力时，幼儿园的办园特色也将进一步升华和明晰。

3. 促进了幼儿发展

图画书因其独特的绘画方式深深吸引着幼儿，幼儿对图画书百看不厌，教师通过组织恰当的学习活动、生活活动、游戏活动帮助幼儿理解图画书的内容，获得艺术审美的情趣，从宏观角度看不仅促进了幼儿认知能力的发展，在一定程度上还能促进幼儿社会性的发展；从微观层面看，幼儿在阅读图画书的过程中，逐渐培养阅读兴趣，形成阅读习惯，获得阅读能力。

4. 凝聚了家长智慧

家长是幼儿园课程的重要资源，在教育活动实施过程中，家长主动参与幼儿园教育活动，了解幼儿园课程的建构，积极成为幼儿园课程建设的参与者、支持者、合作者，家长在为幼儿园课程出谋划策的同时也会积极参与亲子共记、共读、共演、共绘，更进一步了解幼儿园教育理念、办园思想和幼儿在认知、情感、社会性等方面的发展。

第二节　相关研究动态与文献综述

一、早期阅读重要性的相关研究

从预防阅读困难起始，国际早期教育界重视和提倡早期阅读教育的浪潮波及世界上所有的教育发达国家和地区。站在这样的高度看早期阅读的价值，早期阅读是幼儿成为成功阅读者的基础，同时也是幼儿成为终身学习者的开端。1998年，英国开展"把阅读进行到底"的活动，要把英国打造成为一个举国都在读书的国度，政府投入3700万英镑用于当年的阅读推广活动。20世纪60年代的日本开展"亲子二十分钟阅读活动""儿童晨间阅读运动"，使整个社会重视儿童早期阅读，为日本战后的"儿童文化"奠定了骄人的基础；1999年日本国会通过正式决议指定2000年为"儿童阅读年"，培养儿童阅读习惯；2001年《儿童阅读推进法》颁布，指定4月23日为日本的"儿童阅读日"，政府投入650亿日元，敦促各级社区、学校和地方政府改善儿童阅读环境。1999年美国政府国家目标教育报告《建立一个学习者的国家》第一个目标是有规律地对儿童进行阅读教育并建立阅读计划，克林顿提出"美国阅读挑战"运动之后，布什政府"阅读优先"计划提出不让美国任何一个孩子落在后面，政府拨款50亿美元改善儿童阅读现状。1990—1992年，台湾地区开始推动为期三年的"儿童阅读计划"，投入共计4亿台币，为全台湾小学、幼儿园、图书馆配置259万册儿童图画书，该计划的主要目的是充实阅读资源、培训师资、改善阅读环境。世界发达国家和地区的各类阅读计划和投入表明了儿童早期阅读教育的重要价值。

在幼儿园教育实践中，图画书阅读对幼儿发展的价值已得到理论研究者和实践工作者的认同。理论研究者大多从文学与幼儿发展、幼儿口头语言与书面语言发展、幼儿自主阅读能力发展等角度进行研究。实践研究者则从遴选图画书的基本原则、一节有效的图画书教学活动的开展、延伸活动的实施等方面进行探讨。理论研究的成果表明了培养幼儿阅读能力的重要性，通过图画书培养幼儿阅读能力的可行性，但实践层面教师关注的仅是如何就图画书的素材设计教学活动，并没有将其放在培养幼儿阅读能力的层面上认识图画书的价值。

20世纪90年代，国外有关早期阅读的研究开始引起国内研究者的注意，一些文献和研究成果陆续被翻译引进国内，这些成果主要集中在对早期阅读的功能、早期阅读对儿童身心发展的影响以及早期阅读的目标、内容和对实践的经验总结等。进入21世纪，尤其是2001年《幼儿园教育指导纲要》颁布后，被称为“终身学习之基础，基础教育之灵魂”的早期阅读引起了我国幼教界前所未有的关注，相关研究成果大量涌现。但相比关于幼儿教育其他领域的研究，早期阅读研究的成果并不丰富，在中国知网输入“图画书”“早期阅读”等词汇，获得的期刊文章和硕博士论文仅1000余篇，在已有的研究成果中，研究时间相对集中在近十年，研究内容相对集中在两个方面，一是对图画书本身的研究，二是对图画书在幼儿园教育活动中运用的研究。

二、图画书阅读的相关研究

对图画书的研究涉及多个领域，插画家和作家希望通过研究找到适合儿童的插画；文学领域的研究者关注图画书的文学特征；心理学方面的研究关注儿童图画书阅读的心理过程；出版者研究幼儿喜欢的读物特征。本研究则从教育工作者的角度对图画书阅读进行研究。本研究借鉴了康长运《幼儿图画故事书阅读过程研究》中的部分综述。

（一）关于儿童图画偏爱的研究

“儿童喜欢书中什么类型的插图”是不同时代研究者以不同方式提出的问题。

班伯格（Bamberger，1922）是最早研究儿童对图画书插图偏好的，他提供五种不同插图风格的神话故事让儿童进行选择，结果发现儿童比较喜欢插图颜色明亮的故事书；大一点的儿童更容易接受轻柔的色彩和语调；所有儿童都喜欢大的、居中的粗体，匀称、三维的形状。

马丁（Martin，1933）选择了一组图画书并根据技巧、风格、内容以及内容的熟悉性将它们分类，发现颜色和插图的故事讲述性是儿童进行选择的主要原因。然而她认为现实主义风格的图画是儿童进行选择的又一主要原因，儿童不喜欢那种“装饰性”的插图。

阿姆斯顿（Amerden，1966）给60名学前儿童呈现配对图画，将主题设为常量，但变换颜色、价格和风格，得出：“幻想性”的绘画作品比“忠实于生活”的作品更受欢迎，具有明亮色彩和黑的阴影的画比只有明亮色彩的画更受欢迎。

郝特、福里斯特和牛顿（Hutt，Forest & Newton，1976）比较了5岁和7岁儿童注视他们喜欢的图画的时间。研究者让儿童看一套图画（包括一幅中性的图画、一幅漂亮的图画和一幅丑陋的图画），监测儿童的眼动情况，并让儿童按喜欢的程度排列图画。每个年龄段的儿童在看第一眼时都比较喜欢漂亮的图画，但是小的儿童喜欢丑陋的图画超过中性的图画。研究者推断学前儿童的偏好取决于图画注意的价值而不是图画艺术上的内容。

事实上，在大多数偏好的研究中，当研究者就研究结果提出教育建议时，都建议让幼儿选择自己喜欢和不喜欢的书，而不是依据成人的偏好。本研究中图画书的选择是重要的课题内容，此方面的文献资料为图画书的选择提供了有力的理论依据。

（二）有关儿童图画书阅读心理过程的研究

儿童对图画书的反应是对他所看到的图画书内容的描述和解释。而这个过程包括注意、认知以及理解。科尔斯、西格曼和奇塞尔（Coles，Sigman & Chessel，1977）调查了学前儿童以及成人的眼动情况，试图找出在熟悉材料下的视觉策略和随后产生的认知几何模型。发现成人的扫面更有计划和组织；越小的儿童计划性越弱，而视觉固定的持续时间越长。

西格（Sigel，1978）认为图画理解包括一个理解的过程：“理解必须和认知相区别，对图画的指认或分类并不等于隐含和要求理解的过程。”最近有研究表明，并不能从图画认知能力方面自动发展理解。图画认知能力似乎可以较快地经过学习而获得，而理解能力却并不是随认知能力的获得而发展的。

曼德拉和吕滨逊(Mandler & Robinson,1978)以144个1至5年级的儿童为被测试对象研究图画认知发展,认为儿童已经形成了图画信息加工"图式",即已"建立起在已有经验的基础之上的,能够组织、赋予信息意义的内部结构"。当以一定的模式展现材料时,这种模式与已经获得的图示相符合,即使是一年级的儿童也能像成人那样编码信息,他们的记忆与成人非常类似。同时他们的研究表明,儿童理解故事的图式是在真实生活经验与图画阅读过程中共同形成的。

以上文献资料对在幼儿园教育活动实施过程中研究儿童对图画书的理解有积极的意义。

(三)儿童图画书阅读研究的一般结论

不同领域的研究者对图画书及其阅读的理解不尽相同,研究也遵循着不同的路径,从他们的研究历程发现,在不同的研究中以下内容已达成共识。

1. 图画书是一个有机整体

赫克(Huck, 1961, 1979)将图画书定义为"一种通过两种媒介传达信息,具有艺术可视性以及文学性的书"。在一本设计恰当的图画书里,两种媒介都承担着叙述性的作用,这种叙述往往能体现图画书整体的特色。曼拉兹(Marantz, 1977)认为:"图画书页面的设计是整体性的,但每幅图画在顺序上是彼此独立的,因此把图画书的画面分开来呈现时,其意义将会缺损。"把图画书作为各元素简单地相加是对图画书片面的认识。

2. 图画书阅读是一个复杂的心理过程

早期心理学领域的研究者是把儿童图画书阅读当作一个纯认知的过程,并把这一过程分解成各种心理过程,这些研究结果对认识图画书阅读过程的复杂性有所帮助。事实上儿童的认知活动和情感活动密切联系,脱离儿童情绪和情感的发展或忽视儿童的情感与态度,就无法理解儿童的阅读过程,儿童的情感、态度贯穿图画书阅读始终。

3. 环境和教育因素对儿童图画书阅读有重要的影响

怀特郝斯特(J. Whitehust,1988)通过实验证明,在亲子共读图画书的环境中，文本的阅读指导对儿童语言的获得有着直接的和即时的影响。加德纳（1970）认为“儿童能注意到图画特性的潜力”，而教师如果针对其进行各种各样的练习，将有助于“促进儿童图画理解力的发展，深化他们对图画反应的判别力和估计力”。宪修罗（Cianciolo，1980）研究发现，在训练10周后，儿童能够更好地理解一本具有各种风格插图的图画书。心理学和艺术领域的研究者都认为只要给儿童提供时间、有意义的环境以及与成人、同伴相互作用的机会，就能增进儿童对图画书的理解。

三、图画书在幼儿园教育活动中应用的研究

（一）图画书作为阅读材料的研究

阅读材料的选择和运用对儿童早期阅读能力的发展有非常重要的作用，其中图画书是最主要的阅读材料，这方面比较有代表性的研究有：翁瑞玉《整合理念下的幼儿图书阅读策略》（2008），提出了要整合环境资源、整合阅读策略、整合生活经验来有效利用图书；郑颖《幼儿图画故事书阅读的解读与策略初探》（2008）解读了儿童阅读图画书的几个不同阶段，分析了在阅读图画书中存在的主要问题并提出了相应的教学策略；张婧梅《图画书在幼儿园早期阅读教育中的运用》（2008）分析了图书阅读在早期阅读中的价值和运用形式，提出了加强图画书运用及其价值和建议；张明红《早期阅读材料的选择》（2007）认为早期阅读材料分为成人引导性阅读材料与儿童生成性阅读材料两类，教育者应根据儿童的年龄特点和阅读兴趣为儿童提供支持性阅读材料，同时积极引导儿童阅读创意阅读材料。总体来说，有关图画书作为阅读材料的研究还不够丰富和深入，教师对图画书本质的理解参差不齐，这一领域研究需继续深入。

（二）图画书阅读教学活动的研究

研究表明，儿童不是天生就具备自主阅读能力的。他们的自主阅读能力的发展有其形成过程与规律，幼儿自主阅读能力的培养应当从出生开始，需要教师和家长的正确引导。张民《以图画书为载体开展幼儿园阅读教学》（2013）阐述了选择图画书开展阅读教学活动的原则，以图画书为载体开展

阅读教学活动的策略；谭旭东《图画书阅读——呼唤理论与方法》(2006)阐述了要从文学作品的本质出发进行图画书阅读；李英华《解读图画书主题的密码——关于图画书讲读中主题理解的探讨》(2013)提出了图画书阅读中要理解图画书主题的单纯与复杂、处理好图画书主题的深与浅、把握图画书的特质准确理解主题；余珍有《图画书阅读活动特点探析》(2011)从案例入手解读了图画书阅读活动的本质特点和图画书阅读活动与其他语言教学活动的不同。

(三)图画书阅读与儿童发展的研究

张春霞《不要让幼儿在图画书阅读活动中失去阅读》(2013)从对幼儿园图画书阅读的忧思和幼儿园图画书阅读的追求两个方面表述了图画书阅读的最终目的是培养幼儿阅读能力,促进幼儿终身发展；康长运《图画故事书与学前儿童发展》(2002)提出图画书阅读是一个复杂的阅读过程,对儿童的语言、想象、情感、社会化和审美能力发展均具有重要的价值；刘宝根《早期阅读概念与图画书阅读》(2013)以早期阅读理论为背景强调以图画书为主要材料的早期阅读活动是培养儿童书面语言意识和能力的活动,儿童应该有人手一本的独立阅读机会,要有在图画书阅读过程中倾听图画书故事的机会,要有完整阅读图画书的机会,要有接触、理解图画书本身的文学美、艺术美的机会；高振宇《以绘本为载体的儿童哲学对话——基于上海市某幼儿园的案例分析》(2014)从理论与实践两个层面阐释了绘本应成为儿童哲学对话的最好素材。

(四)图画书与园所课程的研究

陈亚军《绘本阅读园本课程的构建与实施》(2013)从搭建绘本框架的目标体系、构建绘本课型、开展拓展阅读等方面阐述了绘本阅读园本课程的构建与实施；孙莉莉《图画书阅读活动在幼儿园课程中的定位问题》(2012)提出图画书阅读活动应该融合到幼儿园课程当中,融入幼儿一日生活之中,将阅读的内容与正在进行的学习密切联系；江丽英《幼儿阅读课程开发中草根情怀的追寻》(2014)提出阅读课程要着眼于幼儿阅读的草根情怀,将其作为幼儿课程开发的出发点和归宿,确定教学目标,尝试教学指导,从幼儿悦纳程度把握幼儿阅读课程的开发。

从上述文献的回顾中可以看出，国内对早期阅读教育的研究主要兴起于20世纪90年代，近二十年内产出的成果丰富，从对图画书与早期阅读关系的研究看主要是近十年产出的研究成果；从研究人员看，主要是从事学前教育研究的学者和在幼儿园等幼教机构工作的一线教学人员；从研究角度看，对图画书的研究主要集中在教育学、心理学、文学的角度，还没有实现多学科研究者的跨领域研究，从社会学、人类学、艺术学等多角度进行跨学科的研究十分缺乏。综合来看，国内对图画书阅读的研究还处于初级阶段，具体表现在理论研究不充分；研究成果论文多、专著少；研究内容仍显单一，冷热不均。

第二章　研究的问题和方法

第一节　研究的问题及基本思路

一、研究问题的阐述

研究者从自身的工作实践、专业背景以及在与图画书相关研究先行者的不断对话中，感悟到图画书与幼儿园教育活动开展之间存在着某种必然的联系。本研究的目的是基于对图画书的深入分析，反思幼儿园教育活动的现状，尝试以图画书为素材开展幼儿园教育活动，构建图画书与幼儿园教育活动设计与实施之间的结构框架。

这种尝试以培养爱阅读、全面发展的幼儿为目标导向。1997年美国国家研究院的研究报告《预防阅读困难：早期阅读教育策略》以及稍后在美国国家学术出版社出版的一系列相关著作将美国社会对早期阅读重要性的认识推向了历史上前所未有的高度。该报告指出，阅读能力的低下已成为影响北美人口素质提高的重要问题，而阅读能力则是一个人获得学业成就和事业成功的重要基础。另一项研究也表明，早期阅读对未来阅读能力和学业成就具有预测作用。

如何预防阅读困难，如何让儿童成为一位成功的阅读者，虽然不同领域的研究者从不同视角进行了研究，但都认为高质量的教学是提高儿童阅读能力的最主要措施，始于幼儿园阶段的早期阅读教学，也是预防阅读困难的重要阶段。因此，将图画书在幼儿园一日活动的各个环节使用，是不增加幼儿园课程内容，实现优质早期阅读教育的不二选择。

本研究要想克服以往研究者的局限并有所突破，就必须找到适当的切入点。这是一个循序渐进和不断变化、不断建构、不断聚焦的过程。在这个过程中，不断定义研究的问题，限定研究的范围，选择不同的研究范式和方法。初期，研究者尝试借助图画书建构幼儿园课程，后来发现这样的课程建构不够全面，过于狭隘，最后经过反复的思考，将研究的问题确定为：

1. 幼儿心目中的图画书是什么？图画书中的图文元素在幼儿对图画书阅读的过程中意味着什么？

2. 教师选择图画书作为教学活动素材的基本原则是什么？图画书中的哪些元素可以成为开展幼儿园教育活动的切入点？

3. 以图画书为线索开展主题教学活动的策略是什么？以图画书为载体进行园所阅读环境创设和家园共育阅读环境创设的策略是什么？

为了保证研究的清晰性和一致性，对本研究中使用的概念做出如下界定：

1. 幼儿：本研究所指的幼儿是兰州城市学院实验幼儿园9个班的幼儿，年龄在3岁至6、7岁，他们有着不同的图画书阅读基础。

2. 图画书：是适合幼儿阅读的无字图画书和以图为主仅有少量文字说明的图画书。

3. 图画书阅读：是指不同环境和场景下，幼儿阅读图画书以及相关的各种形式的活动，包括独自阅读和与成人共读。

4. 幼儿园教育活动：一方面指幼儿园教学活动、游戏活动和生活活动，另一方面是指环境创设和家园共育。

二、研究的基本思路

基于图画书开展幼儿园教育活动的策略研究涉及了以下思路：一是通

过对国内外相关文献的分析，厘清图画书发展的历史脉络以及有关对图画书研究的成果；二是以图画书为素材开展主题教学活动，强调主题教学活动之间的连续性，教学活动与游戏活动之间的连贯性，尝试利用图画书的元素创设幼儿园教育环境，并让图画书成为家园共育的纽带。

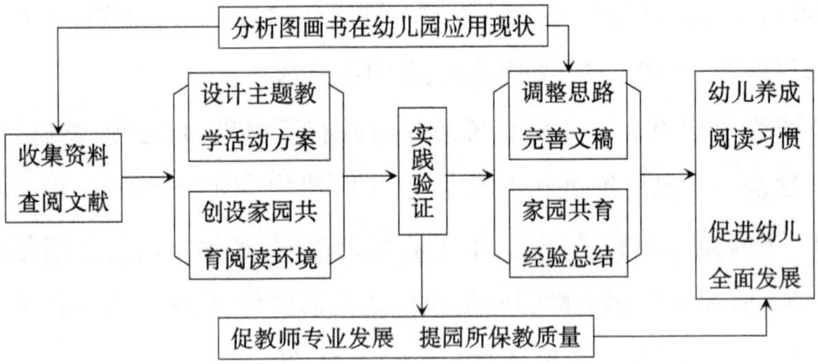

研究思路图

第二节　研究方法的确定与使用

方法应服务于研究的课题和目的。基于图画书开展幼儿园教育活动的策略研究受到图画书的制约，受到教师对图画书内容和图画理解的制约，更受到环境和教育条件的制约。面对这样一个多领域的课题，方法论的问题就变得十分关键。

一、质的研究与量的研究

在与图画书研究者的对话中，研究者已经感受到量的研究方法是早期研究者使用最多的研究方法。这种方法已经受到严重的挑战，愈来愈显示出其局限性。20世纪60年代以来，一种与量的研究相区别的研究范式——质的研究日益受到教育研究者的青睐。

量的研究是一种对事物可以量化的部分进行测量和分析以检验研究者对该研究事物某些假设的研究方法。其基本的研究步骤是：研究者事先建立假设并确定具有因果关系的各种变量，通过概率抽样的方式选择样本，使用经过检测的标准化的工具和程序采集数据，对数据进行分析，建立不同变量之间的相关关系，并使用实验干预手段对控制组和实验组进行对比，从而检验研究者的理论假设。而质的研究是以研究者本人为研究工具，在自然情境下采用多种资料收集方法对社会现象进行整体性探究，使用归纳法分析资料和形成理论，通过与研究对象互动，对其行为和意义建构获得解释性理解的一种活动。[①]质的研究和量的研究关注的焦点各有不同，分别使用不同的方法，对事物从不同的角度进行研究。总的说来，量的研究依靠对事物可以量化的部分及其相关关系进行测量、计算、分析以达到对事物本质的一定把握。而质的研究是通过研究和被研究者之间的互动对事物进行细致、长期的体验，然后事物的质得到一个比较全面的解释性理解。下表可清晰看到质的研究方法和量的研究方法的不同。

表2-1　质的研究与量的研究之比较[②]

比较对象		质的研究	量的研究
使用范围		微观：从面上对个别事物进行细致、动态的描述和分析	宏观：从面上对事物进行大规模调查和预测
研究设计	研究目的	证实社会现象的平均情况，对抽样整体具有代表性，发现问题或提出新的看问题的视角	证实有关社会现象的平均情况，对抽样整体有代表性
	研究步骤	解释性理解、寻求复杂性、提出新问题	假设、收集、数据、验证
	研究设计	灵活的、演变的，比较宽泛	结构性的、事先确定的，比较具体
	研究手段	语言、图像描述分析	数字、计算、统计分析
	研究工具	研究者本人	量表、统计软件、计算机

①陈向明.质的研究方法与社会科学研究[M].北京：教育科学出版社，2000:12.

②康长运.幼儿图画故事书阅读过程研究[M].北京：教育科学出版社，2007:18.

续表2-1

比较对象		质的研究	量的研究
研究设计	抽样方法	目的性抽样,样本较小	随机抽样,样本较大
	研究情景	自然性、整体性、具体	控制性、暂时
	研究结论	独特性、地域性	概括性、普适性
检测	效　度	相关关系,证伪,可信性,严谨	固定的检验方法,证实
	信　度	不能重复	可能重复
	推广度	认同推广、理论推广、积累推广	可控制,可推广到抽样总体
研究者		反思的自我、互动的个体	客观的权威
研究者与被研究者的关系		密切接触、相互影响	相对分离

三、质的研究方法的选择

根据对量的研究和质的研究的分析,运用质的研究方法适宜解决本研究提出的问题,主要基于以下几方面的考虑。

第一,本研究是一项教学研究。

教学研究是一项典型的实践性研究,当然也可以从理论层面对其进行深入的分析,但研究者更强调教学研究的实践性取向,因为如果不关注实践,不从实践去探讨教学的作用和意义,教学研究无异于“空中楼阁”。而想要了解图画书在幼儿园教育活动中的使用现状,了解教师在以图画书为素材开展教育活动中的实际想法、做法以及研究对教师产生的影响和他们的思想变化,就必须深入到教学实践的现场,对场景中的人物和事物进行细致的观察,才有可能得到这些有用的研究资料。

第二,图画书阅读的过程是一个复杂的建构过程。

建构主义是质的研究的主要范式之一。建构主义着眼于当前的构成性理解,生成新的社会现实。幼儿阅读图画书的过程就是一种建构。幼儿用自己的身心与图画书对话,去体验和感受能给他们带来愉悦的图画书世界,用自己的逻辑对图画书的存在方式和意义进行解释，在此基础上生成和建构新的经验。幼儿的眼中不是一幅一幅静止的画面，而是他们自身的经验和图画书互动构成的一个流动的世界，幼儿对图画书的每一次解释都是对图画世界的诠释，这是一个诠释的螺旋。幼儿反复地阅读，不断地有新的发现，这种诠释便永无止境地进行下去。

第三，研究者和被研究者共同构成研究的主体。

质的研究的主要目的是对被研究者的个人经验和意义建构做“解释性理解”或领会。研究者通过亲身的体验，对被研究者的生活故事和意义建构做出解释。

在本研究中，被研究者不再单纯地被认为是研究的对象，而是和研究者共同构成研究的主体。研究者和被研究者之间是一个互为主体的关系，意义存在于研究者和被研究者的关系之中。

第四，图画书是一个复杂的有机整体。

图画书是一个多种媒介的结合，既是文学和艺术的结合，又是文本和图画的结合。教师对图画书的认知具有一定的独特性。这是因为图画书本身是一种由图画和文字两种表达系统共同表述故事的特殊载体。图画书具有客观性，同时又带有某种主观性。图画书是画家和作家共同创造的一种精神产品，因此具有主观性。图画书中的故事是通过图画作为主要载体来表达的，图画书的文本是隐藏在图画之后的，故事不可能脱离图画而存在；反过来，图画书中的图画是表达故事的图画，如果图画不能传递故事信息，或仅仅作为文本的阐释，图画书中的图画则失去存在的价值。因此图画书中的图和文是一个不可分割的有机整体，所以不可能像其他客观变量一样随意对作为其有机组成部分的单个部分和因素进行分解或控制。

第三节　研究对象的选择

质的研究方法采取“非概率抽样”，与量的研究中使用的“概率抽样”不同，它不追求样本数量，而在于“该样本是否可以比较完整地、相对准确地回答研究者的研究问题”。“非概率抽样”使用最多的是“目的性抽样”，即按照研究的目的抽取能够为研究问题提供最大信息量的研究对象。[①]

一、研究样本的选择

根据研究的需要，本研究确定以兰州城市学院实验幼儿园为研究个案。兰州城市学院实验幼儿园是一所高校附设幼儿园，共有9个教学班，330名幼儿，30名专职教师，均具有学前教育专业学习经历，本科以上学历教师占60%。幼儿园致力于培养爱阅读的幼儿，已经开展了两个三年的基于图画书开展教学活动的研究。第一个阶段基于图画书设计领域教学活动，第二个阶段基于图画书开展班级共读。因此该幼儿园有丰厚的研究基础和图画书资源，教师对图画书阅读意义的理解深刻。前期研究成果为本轮研究奠定了良好的基础。

二、研究的实施

本研究可大致划分为预研究阶段、准备阶段、实施阶段和论文写作四个阶段。实际上，几个阶段之间都是不可分割、重叠交叉在一起的，整个过程是一个不断演进的过程。

（一）预研究阶段（2014年9月—2015年1月）

研究者深入幼儿园班级，和幼儿园教师一起向幼儿提供丰富多彩的图画书，协助教师组织阅读活动，观察幼儿图画阅读的过程，对幼儿进行深入的访谈，记录大量观察笔记，了解幼儿对图画书的喜好特征。这一阶段通过对大量一手资料认真的分析和反思，研究者对不同年龄阶段幼儿阅读图画书的特点有了初步的了解。

（二）准备阶段（2015年3月—2015年7月）

根据预研究的基本结果，为研究实施做准备，内容包括：进一步阅读预

①陈向明.质的研究方法和社会科学研究[M].北京：教育科学出版社，2000:12.

研究的记录资料，反思研究过程；选择和分析图画书；开展教师培训；编制家长问卷调查表和培训材料。

阅读材料大多经过预研究阶段验证，有一定的代表性，并且是幼儿感兴趣的优秀作品，研究者对这些作品反复研究，上网搜寻作家的相关信息，获得对作品表达与风格的进一步认识并与教师沟通和交流。

幼儿园教师是教育方案的制定者和实施者。在制定方案的过程中，研究者与教师共同商讨建构框架，明确培养目标，使方案围绕图画书的内容设计，以便更加切合幼儿对图画书的理解。同时，共同讨论的过程是沟通思想的过程，在这个过程中幼儿园教师逐步了解研究者的观点、意图，并不断补充和修正，充分发挥幼儿园教师的主观能动性，使图画书的功能充分在幼儿园教育活动中发挥作用。

为了使所有教师、家长统一思想，研究者撰写了关于以图画书为素材开展幼儿园教育活动的理论依据和基本架构。

（三）实施阶段（2015年9月—2016年7月）

研究主要由幼儿园带班教师和家长实施，研究者则以参与者的身份深入班级，并与家长保持密切联系。概言之，研究包括以下几个方面。

与教师深入交谈，反复讲明意图和方法以及研究者的基本观点，提供有关资料和研究者前期进行的儿童图画书阅读反应记录，积极取得教师的支持，激发教师参与研究的积极性，共同制订研究计划，确定活动主题，撰写活动方案，进行反思讨论。在研究过程中，每周一天跟班观摩幼儿园一日活动的组织与实施，以了解图画书在幼儿园一日教育活动中的运用情况、教学活动实施的情况以及幼儿阅读图画书的状况等。

开展家长问卷调查，了解家长对幼儿园开展此项研究的态度，形成调查报告。定期举办家长讲座，积极动员家长参加，共举办讲座6场。每次讲座的内容根据实际情况灵活处理，每一次的讲座内容会根据上一次家长的反应和反馈意见进行调整。研究者认为，这种参与式的讲座本身可以帮助家长建立图画书阅读所需要的平等和对话的家庭氛围。

建立幼儿图画书阅读档案袋，记录幼儿图画书阅读的详细资料，包括幼儿的有关资料，研究者的记录、教师的记录、幼儿的作品、家长的记录等。

(四)撰写研究报告阶段(2016年9月—2016年12月)

研究报告的写作过程贯穿研究的始终,在每天与幼儿、教师和家长的互动中,在分析和整理材料的过程中,研究者始终沉浸在一种发现的冲动和喜悦之中,在这个过程中研究人员不断梳理思路,不断反思和调整研究策略。

第四节　资料收集和主要方法

一、研究材料的收集

1. 文献法:通过收集、整理和分析已有的研究资料,一方面了解图画书阅读的核心研究成果与发展趋势,对前期相关研究成果进行梳理和总结,并通过与本研究的目的进行对比分析做出评述;另一方面为进行历时性研究提供资料。

2. 观察法:采用参与式观察与自然观察法记录教师在教育活动组织与实施中的表现和幼儿在教育活动中的表现。

3. 问卷法:采用问卷调查,了解家长的早期阅读观、亲子阅读的状况、家长对幼儿园教育活动开展的了解、家长在亲子阅读方面的困惑等。(问卷调查表见附录1)

4. 访谈法:研究者与教师深入细致地谈话,结合图画书内容,了解教师在设计与组织教育活动过程中存在的困惑和问题。(访谈提纲见附录2)

二、研究材料的整理与分析

通过实地观察和深入访谈等手段获得一定量的原始资料后,研究者需要对这些资料进行整理和分析。整理和分析是密切联系、同步进行的,力求保持资料的原汁原味。对资料进行整理和分析是一个循环的过程,这要求研究者有足够的耐心和智慧对其进行加工和提炼。

第三章 走进图画书的世界

第一节 图画书的概念

一、图画书的界定

无论从图画书题材的发生还是发展的历史看，它最早起源、成熟于西方，我国内地图画书出版主要受台湾地区图画书出版的影响以及对其资源利用。本书中所提及的图画书在中国目前有两个称谓，一个是“图画书”，另一个是“绘本”；通常在日本和我国台湾称绘本，本文则选用图画书这一名词表述。图画书顾名思义是一种适合低幼儿童阅读的、以图画为主文字为辅，甚至完全没有文字而全是图画的书籍。

日本图画书专家松居直对图画书有严格的判定标准，他说：“把图画只作为对文章的补充和说明，或是为了加上图画让孩子看了高兴，这类书都不能称之为图画书。什么叫图画书？图画书是文章说话，图画也说话，文章和图画用不同的方法都在说话，来表现同一个主题。”“假如用数学式来写图画书表现特征的话，那么可以这样写：文+画=有插画的书，文×图=图画书。”因此，图画书与有插图的书并不相同。图画书中的图画与文字的关系是平等的，或图画是独立的，甚至超越文字（如无字图画书），多数图画书以尚不具备文字阅读能力的低幼儿童为其读者对象；而有插图的书大多是为阅读技巧已经相当纯熟的读者制作的，插图知识用来丰富正文的内容，读者不需要解读图画来理解正文。

下面是一个具有启发性的图画书的定义：图画书是文本，是图画，是综合性美术设计。图画书是大量生产的一种产品，是商品。图画书是社会、文化、历史的记录。在多种属性中，最首要的是，图画书是给儿童带来一种体验的作品。作为艺术形式，有三个方面决定了图画书的构造：图画和语言相互补足、融合；同时展示对开的两个页面；通过翻页营造戏剧性变化。图画书自身的可能性是无限的。①

对于学前儿童来说，图画书就是一种只要挨页翻，看画儿就能明白故事的书籍，图画书中图画的作用，并不单是文字的说明和补充，图画本身必须表现图画书的内容和主题的细节。本研究中图画书的内涵就是适合儿童阅读的无字图画书和以图为主仅有少量文字说明的图画书。

二、图画书的分类

在图画书被广大家长和教育工作者认可的今天，尤其是在图画书广泛引进和层出不穷出版的今天，图画书的分类在一些知名研究者的著作中有所涉及，但都没有准确的定论。上海师范大学沈敏江的硕士论文从图画书的定义范畴、图画书的字数、图画书的问题来对图画书划分。

按照图画书的定义范畴划分，可将图画书分为狭义的图画书和广义的图画书。狭义的图画书指的是儿童故事图画书，广义的图画书除了包括一般意义上常说的儿童故事图画书外，还包括由于图画书的泛化而发展出现的成人图画书、玩具书和认知型图画书。

① 转引自朱自强.亲近图画书[M].山东：明天出版社，2011:14.

按照字数对图画书划分，图画书可分为有字图画书和无字图画书。这里图画书的概念并不单指完全没有一个字的图画书，还应当包括那些有少量文字，并且文字在全书中不充当叙述功能的少字图画书，这两者统称无字书。无字图画书是图画书中的特殊种类，一部分的无字图画书适合尚未识字或识字不多的低幼儿童，一部分的无字图画书则对读者有相对较高的要求，要求读者有一定阅读基础和辨析能力。

按照图画书内容划分，有认知类图画书、科学类图画书和故事类图画书。

在文学的范畴里，进一步对狭义的图画书按照文体进行划分，又大致可分为故事型图画书、小说型图画书、童话型图画书、散文型图画书以及诗歌型图画书。

本研究所指向的则是狭义的图画书。

三、图画书的本质特征

图画书通过文字和图画共同传达故事信息，它有别于其他形式的语言或视觉艺术，具有独特的节律、组织结构和叙述技巧。图画书是一门将图画语言与文字语言相结合的、独特而复杂的艺术，其本质在于叙事，是幼儿文学的一种表现形式。①

（一）图画语言及图画的可读性

通常，人们认为图画书的语言是文字，进而认为只有依靠文字才能进行阅读。其实，无论对于幼儿还是对于图画书工作者来说，图画本身也是一种独特的语言。图画能“说话”，它在告诉读者一种思想，一种生活内容，这即是图画语言。图画具有交流的作用，是可读的。

图画书中的图画不同于一般的绘画作品。一般绘画作品的主要目的是提供视觉刺激或激发人们的美学鉴赏力。尽管图画书中的图画也可以有上述作用，但其存在的主要价值在于能够承载故事的信息，促进故事的讲述。

①康长运.幼儿图画故事书阅读过程研究[M].北京:教育科学出版社,2007:141.

图画书中的图画是通过相对独立而又连续的画面并辅之以文字来表达故事的,每个画面都作为一个整体而存在,单张图画中几乎不具备一般视觉艺术形式的协调性和平衡。

(二)图画书的叙事性

图画语言的可读性与文字语言对话内容的依赖性,说明图画书的本质内涵在于讲述一个事件,即叙事的本质。斯蒂芬·劳斯伯格(Stephen Roxburgh)认为:"叙事是儿童文学中最关键的因素,不仅在小说中如此,而且在图画书中也如此。"[①]令人遗憾的是,目前大多数关于图画书的讨论将图画当作一种传统美学艺术欣赏课的对象,聚焦于诸如平衡、构成等而忽视对叙事性因素的关注。近年来有研究者提出一个结论:图画书尤其独特的特点,即它以一种独特的视觉表达系统组织视觉信息、讲述故事。

(三)图画书的综合性

图画书是一门独特的艺术,说它独特,首先是因为它图文结合的独特艺术表现形式。它以图画为主题,辅之以文字,这两种表达系统的有机结合,对故事的叙述发挥独特的作用。其次,图画书是由创作者和出版者共同完成的艺术。最后,图画书是与儿童心理特点相契合的艺术,它对儿童的发展具有本体价值。可见,图画书关涉作家、画家、出版者和儿童等多方关系,在此意义上看,它是一门复杂的艺术。下面的章节则会详细地从图画书的文字叙述和图像表达两个方面论述,为后期研究奠定坚实的理论基础。

①康长运.幼儿图画故事书阅读过程研究[M].北京:教育科学出版社,2007:142.

第二节 图画书的文字叙述

一、图画书的主题划分

从适合幼儿阅读的图画书中寻找到开展幼儿园教育活动的切入点是本研究的重要内容，研究者认为仅了解图画书的分类和特质还远远不够，还必须对图画书的主题进行清晰的分类，才能为后续的研究奠定良好的基础。

有研究者认为图画书的主题包括：

欣赏自己 人与自己：我是谁、成长的快乐、勇气、自理、自信

相亲相爱 人与别人：亲情、友情、相互帮助

生存与关怀 人与环境：与周围环境相处、爱国、爱故乡、爱生活

精彩过一生 人与生命：接受死亡、接受现实、学会爱

养成良好的习惯 养成良好的生活习惯和学习习惯

台湾作家林美琴在其著作《绘本有什么了不起》中对图画书的主题进行了分类，包括品德教育、生命教育、身体健康、自然生态、人文艺术、历史文化、科学教育等不同的领域。研究者认为按此主题进行分类与本研究的方向更为贴近，下面则从以上维度介绍相关的图画书。

（一）品德教育

《彩虹色的花》：早春的一天，原野上盛开了一朵彩虹色的花，花儿慷慨地把自己的花瓣送给有困难的蚂蚁、蜥蜴、老鼠等小动物，随着季节的变换，彩虹色的花慢慢枯萎，可是希望和梦想还在继续，冬去春回，生命可以轮回，乐于助人的精神则存留其中。

《鲁拉鲁先生的庭院》：鲁拉鲁先生守护着心爱的草坪庭院，不与别人分享，但在某次意外事件中，他逐渐体会到分享的快乐。随着鲁拉鲁先生的转变，读者也能敞开心胸，愿意与周围的人们一起分享美好。

《好好吃，谢谢！》：小白鼠和小黑鼠想谢谢田鼠借给他们食谱，可是该怎

么说“谢谢”才能让对方感受到呢？通过这个故事，可以让幼儿体会到礼貌不只是形式，也是发自内心的诚意。

《彩虹色的花》封面

《鲁拉鲁先生的院子》封面

（二）生命教育

《爱心树》：这是一个由一棵有求必应的苹果树和一个贪得无厌的孩子共同组成的温馨又略带哀伤的动人故事。书名顾名思义便是牺牲奉献的意思，但它也是一本述说友谊的书。天才的艺术家希尔弗斯坦以简单利落的线条和充满诗意又带有嘲讽幽默的文字，为各个年龄段的读者创造了一则令人心醒动容的语言，在施与爱之间，也在爱与被爱之间。

《安娜的新大衣》：在这个二战题材的故事里，安娜的妈妈尝试用家传的几件贵重物品为安娜换取一件新大衣。这个故事中蕴藏着简单的教育理念，但让所有年龄段的人都能理解并深思。安娜学会了耐心和爱，她亲见了一件大衣的制作过程，也懂得了如何在生活的困境中创造希望。

《爸爸的围巾》：故事讲述了一个失去爸爸的孩子在冬天围上爸爸的绿围巾发生的事情，整个故事情节以绿围巾为线索，以一周的生活情节为贯穿，讲述了原本害羞缺乏自信的小主人公阿富在失去父亲后，心灵慢慢成长，变得勇敢独立。

《爱心树》封面

《爸爸的围巾》封面

(三)自然生态

《再见小树林》:这个故事生动地呈现了小树林与小绿的精神联系,确立了对于成长中的儿童来说,以"小树林"为代表的自然所具有的精神价值。这是一本既把握住时代的走向,又抓住了儿童心灵脉搏和成长需求的图画书。

《动物多奇妙》:以栩栩如生的写实图像,将文字叙述的动物世界呈现在眼前,以迷人的视觉体验展现大自然的多样性。

《好一个瓜啊!》:从一颗种子到一朵大黄花,再到慢慢结成一个瓜,这究竟是个什么瓜?在植物变化与成长的历程中,发现大自然的奥妙。

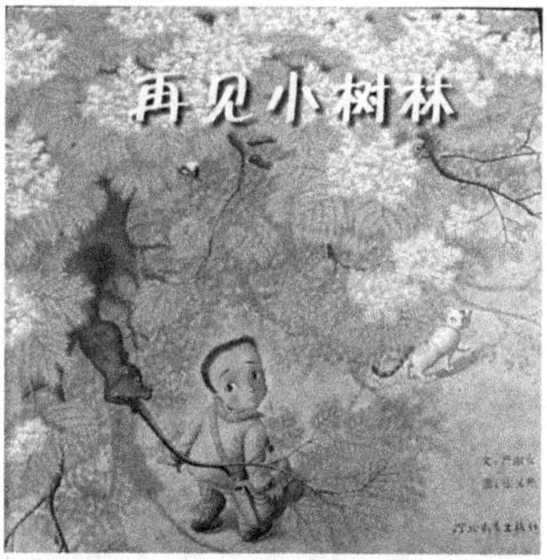

《再见小树林》封面

（四）人文艺术

《爱音乐的马可》：这是一本关于音乐、关于爱音乐的马可的故事。故事中还有许许多多的其他角色，他们有的爱音乐，有的起先不爱音乐，后来也和马可一样，和马可的妈妈一样，都爱上了音乐，加入演奏音乐的行列。是音乐，把两个分离对立的世界统一在了一起，也重新把人们的心情、感觉和对音乐的热爱召集在了一起。

《图书馆老鼠》：一只住在图书馆的老鼠，因地利之便读了许多书，因而见多识广，充满奇思异想。它开始提笔写作，后来成为受欢迎的作家。儿童也随着小老鼠的脚步，为自己疏通了一条从阅读到写作的秘密通道。

《爱音乐的马可》封面

《图书馆老鼠》封面

（五）历史文化

《北纬36度线》：这是一根线，它叫北纬36度线。这是一次飞行，它是一只鸟儿的旅行，从日本的东京出发，沿着一条叫“北纬36度”的线绕了一圈。柔美的语言与写实的画风，将不同国家、不同民族的不同习俗一一展现在读者的面前。

《荷花镇的早市》：明天是奶奶七十大寿，从都市来的小男孩阳阳和姑姑一起到早市买东西。他睁大好奇的眼睛看着江南水乡的乡俗风情：米酒、小猪、斑驳的船影、刚出壳的小鸡、露天的大戏、接新娘的花轿等。随着阳阳的视野，江南的诗意缓缓流淌于书中，中国传统的生活方式变化无常而又充满了人情味。

《老鼠娶新娘》:老鼠村长的女儿要抛绣球选新郎,一只黑猫冲进来搅乱了局面。为了女儿的幸福,老鼠村长决定找一个全世界最强的女婿。太阳、乌云、风、墙都输了,最后的赢家竟然是只小老鼠。这是一本充满浓郁民间风格和中国传统特色的图画书,生动的传说故事、动听的民间童谣、久远的娶亲习俗和精致细腻的画面,构成了本书强烈的中国民间特色。

《北纬36度线》封面

(六)科学教育

《999个青蛙兄弟》:春天来了,青蛙妈妈在水田里产下999颗卵,当卵变成了蝌蚪,他们在水田捉迷藏的时候,遇到了一条可怕的蛇。他们该怎么办呢?他们能打败蛇吗?画面活泼生动,故事高潮迭起,充满了惊奇的冒险,在有趣的故事中了解大自然的规律和相关科学知识。

《荷花镇的早市》封面

《蚯蚓的日记》:这是一本极为有趣的图画书,以日记书写的方式,记录和表达了小蚯蚓的观察及思考。不仅从小蚯蚓的视角看世界,记录了学校、家庭和朋友之间的生活点滴,更通过简短的语言和生动的图画说明了蚯蚓的外形、生活习性、功能等。

《老鼠娶新娘》封面

《鼹鼠宝宝挖地道》:跟着鼹鼠宝宝一同在地底世界探险吧!书中运用地层的剖面图呈现地底下的样子,在生动有趣的故事引导中,对地质学的概念与知识进行了启蒙。

《蚯蚓的日记》封面

《999个青蛙兄弟》封面

(七)身体健康

《人体大研究》:通过图解方式呈现人体的器官与其运作的基本功能,让儿童清晰地了解生命科学方面的概念。

《牙齿掉了》:呈现儿童换牙的生活经验,以活泼生动的画面、幽默的想象与对话,触发儿童对自己身体变化的好奇与重视。

《番薯大作战》:通过讲述地底下的番薯像儿童一样刷牙、吃饭、运动、上厕所等种种行为,培养儿童健康好习惯。

《人体大研究》封面

图画书属于文学作品的范畴,不论哪个主题的图画书都能成为幼儿园语言领域教学活动的内容,从图画书主题的分类来看,结合幼儿园五大领域教学活动的目标,还可设计健康领域、社会领域、科学领域、艺术领域的教学活动。如以品德教育、生命教育、自然生态、历史文化等方面为主题的图画书可以设计幼儿园社会领域的教学活动；以身体健康为主题的图画书可以设计幼儿园健康领域的教学活动；图画书本身就是通过图画来讲故事的，其绘画语言丰富多彩，因此其本身就可以设计幼儿园艺术领域美术教学活动；以人文艺术为主题的图画书则可以设计主题更为鲜明的艺术领域教学活动；以科学教育为主题的图画书可以设计幼儿园科学领域的教学活动。因图画书丰富的主题和内容，使其不仅是亲子阅读的读物，更是幼儿园开展教育活动的优质选材。当然，如何从成千上万的图画书中选择适合的读本开展幼儿园教育活动是研究的起点，更是重点。要想彻底解决此问题，则要沿着图画书的本质进行研究，那就是从图画书的文字叙述和图像表达两个方面深入认识和剖析图画书。

二、图画书的文字叙述

（一）叙事结构

图画书通过内在的叙事结构串联起整体的脉络，发展出完整的思路。有的通过前后页的联系来贯穿整本书向前推进的思维线；有的前后页无直接的关联，却按照特定的节奏串联起整本书的信息。读者只有整合全书的脉络，进行文意的理解与统整，才能领略全书的旨趣。

1. 时间

时间是图画书创作最常用以连贯前后文的法则，随着时间的脉络，发展一连串的情节，从起因、经过、冲突或高潮到结果直线行进，产生推移前行的动线，带出故事内容的全盘信息。从这样的时间脉络中，联结前后页的前因后果，统整全书的思维历程，往往就能理解作者想要表达的思想。如《大头妹》：可从前后连续的时间脉络中，理解故事的来龙去脉，感受大头妹从期待、不安到剪发后失望心情的起伏变化。

2. 层递

以书目的渐增或渐减发展前后页的连贯性，铺陈内容。通过层递的逻辑关联，就能串联起整本书的思维脉络。如《一开始是一个苹果》：从一个苹果、两条毛毛虫到三只小鸟，通过数目的递增，使读者建立合理的推测，进而联系起前后页的脉络,有助于对全书的通盘理解。

3. 镜头

除了时间或层递的法则,有些创作者还通过前后页镜头的变换,穿梭于不同的时空,发展多元的故事线,通过不同的视点变化带动情节的发展,让读者如同看电影一般,透过“会说话”的镜头穿梭于各场景之中。读者必须在前后页镜头高低远近的转变更迭中,串联起全书的脉络,疏通文义。如《红色的书》通过镜头的变化,穿梭于不同的时间空间,发展与两个主角有关的双线故事脉络。读者必须联系前后镜头,建构合理的逻辑思维,再统整全盘的关联性,才能接受到内容信息。

4. 同中有异

在前后页面中呈现同中有异的画面时,读者可以在前后页的变化中寻找到其中的关联性,理解作者所要传递的信息。《是谁躲起来了?》单就这一个页面来看,这是一张张动物的图画。读者联系前后页之间同中有异的变化,就能了解整本书的思维脉络。

(二)叙事的节奏

有时图画书内容脉络的展开不依靠前后页面的连贯,而是通过重复的句型、段落与特定的形式,在重复、对比、往返的节奏中,让看似不连贯的前后页面借着特定的节奏,铺排想表现的主题与想传递的信息。图画书有了节奏,就有了思维的律动,图画书的主题就更鲜活生动了。同时,读者也能从节奏的秩序中发展一而再、再而三出现的核心理念,并在作者铺陈的或紧或松的节奏中,触动或紧张或舒缓的情绪,与图画书产生共鸣。

1. 重复句型

以重复的句式发展内容,可以满足幼儿对重复的需求,产生节奏的趣味,也能加强内容的张力,并在重复的律动中彰显主题。读者可以联系重复句式的表现,发展对主题的探索行动,掌握整本书传达的完整信息。如《好饿的毛毛虫》《猜猜我有多爱你》。

2. 重复段落

将整本书的内容安排成几个重复的段落,在重复的过程中,交织起全书层次分明的思维脉络。有的图画书每两页为一个小段落,之后不断重复,形成如同二拍子的节奏;也有的图画书以三页、四页作为重复段落的分割,形成三拍子或四拍子的节奏。就如同乐曲在每个段落进行小结,再发展到下一段乐章,图画书在重复段落的共通特质中,慢慢彰显主题,直到在结尾处发展成同中有异的情节或是惊奇的转折,突出全书的主旨和趣味。如《今天运气怎么这么好》《我爸爸》。

3. 演绎主题

在书的标题或者首页开门见山点出主题,每一页各自演绎主题的多元面貌,虽然前后页面不连贯,但皆与主题环环相扣,形成特定的秩序,建构起整本书由主题延伸的网状结构,彰显鲜明的主题思想。如《现在工作中》先开门见山点出"工作"的主题,接着在每一页分门别类介绍各种工作的性质与状态,在以主题为轴心放射铺陈的节奏中,演绎主题丰富的面貌,延展多元的内容。

4. 回扣主题

回扣主题是指以主题串联起全书的脉络,但前页与后页之间没有连贯性。与上述演绎主题的叙事结构不同的是:此种结构先不点出主题,却在每一页安排相关的线索来呼应主题,一步步引人入胜,到最后一页才归纳前面各页面的片段线索,揭示主题,强化整本书的戏剧张力。如《谁在厕所里》以问句"到底谁在厕所里?"开头,接着一一呈现种种猜测,引发更强烈的探寻愿望,在最后一页真相大白,令人会心一笑,印象深刻。

(三)图画书文字语言的功能

图画书中图画最重要,文字仅处于从属的地位。从表面看,这种观点似乎不无道理;但是,作为文学样式的图画书的实质来看,文字语言并非是图画的从属和附庸,而是发挥着车之一轮、鸟之两翼的重要作用。

要认识文字在图画书艺术中的重要作用,有必要考察在物化的作品完成前,画家在构思和创作过程中,语言思维所发挥的作用。特别是文图为一人的图画书作家,他的图画创作是以语言思维为基础的,他需要先构想一个故事,这个故事离不开语言媒介,当他用图画表现故事时,语言让出了自己的位置,这时语言是幕后英雄、无名英雄。当然图画书表现的艺术世界中,有些内容自始至终都是图画的。文字语言在图画书中发挥的重要作用表现在以下几个方面。

1. 表现图画难以表现的内容[1]

图画是视觉媒介，有优势也有局限。首先图画难以直接表现时间。《野兽出没的地方》写男孩麦克斯离家出走，乘船航行一年零一天，到达怪兽居住的地方。这个“一年零一天”是难以用图画来表现的，但是它对这个幻想故事十分重要，没有这个交代，就不能对比出现实时间。其次图画不能表现对话、惊叹词、拟声词、拟态词和歌声。西卷茅子的《我的连衣裙》是令人愉快的表现想象力的有神奇魔力的故事。故事中文字语言不多，其中拟缝纫机声音的“咔哒咔哒”，表示惊喜的“哎”，表达心情愉悦的哼唱“啦啦啦，哩哩哩”，是决不可缺少的、具有神韵的语言。最后对心理活动的描写，图画也有些爱莫能助。图画书中的图画适合行动描写，而文字语言则适合心理描写。《我的爸爸焦尼》是一个令人心酸的故事，小男孩狄姆的父母离异，他和妈妈住在一起。有一天，爸爸从另外一个城市来看他，并且和他度过了美好的一天。爸爸带狄姆做了许多狄姆喜欢的事情，狄姆则逢人便说：“这是我爸爸，他叫焦尼。”在站台上送爸爸的时候，他告诉走过身边的叔叔：“我在冲爸爸挥手，我在送爸爸呢！我的爸爸叫焦尼！”狄姆说的这些话，图画无法表示。这些话的背后是一个男孩对父爱的强烈渴望和有爸爸陪伴的巨大喜悦。这种心理活动是非用文字表达不可的，虽然寥寥数语，但这种心理描写文字使故事的情感和思想都变得丰富、复杂起来。

2. 拓宽故事的内涵

松居直曾说，图画只是对文章进行补充和说明的书，不能称之为图画书；反过来说，文字语言只是对图画书进行补充和说明的书，也不能称之为图画书。

图画书的文字语言要避免对图画内容的重复，因此其语言都有被少量化的普遍规律。少量化就是省略掉图画所能表达的那部分内容。不仅文字语言的整体内容被省略，而且句子里的内容也会被省略，所以，一般来说，图

①朱自强．走进图画书[M]．济南：明天出版社，2011：35.

画书的句子比较简短。比如，图画书《橱柜里的冒险》中的第一句是，“这是樱花幼儿园”，如果是纯文字语言的故事，恐怕要写“这是只有两座房子、一个小院的樱花幼儿园”。

少量化的文字语言，要充分发挥拓宽图画内涵的作用。《古利和古拉》的第一页画的是两只小田鼠提着篮子走在树林中，而文字是“田鼠古利和古拉提着大篮子，往森林深处走去。‘我们名叫古利和古拉，做好吃的，吃好吃的，我们最最喜欢啦，古利，古拉，古利，古拉。’”很显然，古利和古拉很高兴，所以一边走一边唱歌。古利和古拉唱着歌以及歌词，是画面无法呈现的。这一内容不是对图画的补充和说明，而是对故事内涵的拓展，歌词是田鼠也是幼儿的天性。故事发展到后来，古利和古拉为做好吃的而想办法、克服困难的行动，与其他动物分享好吃的这一行为，超越了“吃”的自然属性层面，上升到了社会、文化层面。这层意味在第一页的歌声里就已经蕴含了。

3. 引导图画的意义指向

由于图画书的图画具有多义性，作家为了引导读者，就会用文字语言来锁定图画的意义指向。《光脚丫先生》，所有的画面都在表现光脚丫先生的快乐生活，描写他拥有的各种东西，但是都在反复讲一句话：“可是，光脚丫先生只有一只鞋。”这句话既使前面所有画面呈现的快乐变得不完整，也为最后得到新鞋子的圆满结局做了充分的铺垫。《蚯蚓的日记》的封底画了一只蚯蚓坐在瓶盖上写日记，内容是“我有一种被偷窥的感觉！”日记是私密的，读者却在阅读蚯蚓的日记，当读者阅读完这本日记时，蚯蚓的心理感受却在最后一页体现得淋漓尽致，既幽默，又具有意义指向。

4. 连接画面

日本学者竹内雄寒曾经做了一个实验，将五个没有关联的图加上说明文字，结果就成了一个有模有样的图画故事。他以这个实验证明：“将图画书画面与画面连接起来的最有粘结力的粘结剂是语言。”①

有些图画书，没有文字语言，画面就连接不起来。比如，日本的科学图

①转引自朱自强．走进图画书[M]．济南：明天出版社，2011：38.

画书《壶中的故事》第一幅图画了一个壶,第二幅图画了一个扩大了的有水的壶,第三幅图画了一片水,第四幅图画了水上的一个岛,第五幅图分成了两处,各画了一个国家,第六幅图分成三处,各画了一座山,第七幅图分成四处,各画了一座城堡……对这样的图,如果没有文字语言,光靠图画很难连接成有意义的作品。读者很难看出第四、五、六、七幅图之间的关系。可是看了语言文字,原来是"海上有1个岛。""岛上有2个国家。""2个国家里各有3座山。""3座山上各有4个城堡。"一个"各"字,就说清了前后画面之间的关系,而且让读者明白了作家是在讲述数学概念。

以上列举了图画书中文字语言的四种主要作用,图画书中的图和文均在表达主题的过程中发挥着各自不同却同等重要的作用;因此,认为文字语言在图画书中不过是图画的从属和附庸的观点是站不住脚的。当图画书成为幼儿园教育活动的素材时,教师则要对图画书的文字仔细推敲,认真思考其与图画之间的关系,以便深入了解图画书的主题,为设计幼儿园教育活动奠定基础。

第三节　图画书的图像表达

图画在图画书中承载着说故事的功能。图画不是简单的按文字叙述来画图,而是要按核心思想来构图,用图画语言来设计视觉情节,埋伏细节悬念。图画表现内容、情节设计要清楚。通过细节让美术语言生动丰满起来,延伸出文字后面的意味。

图画书不是用来欣赏绘画的图书,图画的作用在于帮助幼儿在心中想象故事的世界。不能被表面的华美所诱惑,而忘记图画的真正作用——是否表现了故事的内容。

图画书采用连续的画面说故事,故事必定是跨越一段时间,画中的空间也随之转移;而单幅的艺术创作则集中在第一个时间点和一定的空间之内。图画中最主要的三个元素——线条、色彩、形状不仅用来描绘具体的人物、动物、场景,也可以表达抽象的意念、情感和情绪。这三种元素更相互连接构成整幅画面，让画面产生静态或是动态、安静或是喧闹、和谐或是冲突……种种效果。对幼儿来说，图画不是用来观赏、从外部眺望的，而是给予他们走进故事世界的线索与希望的。

图画书的图像表达可以从多个角度进行分析，下面仅从开本与装帧、结构与构图、造型与色彩、细节与笔触等方面分析其中的主要特点。

一、开本与装帧

（一）开本

书的开本，是用来说明一本书的大小以及长宽比例的出版术语。图画书的开本还应当看它展开之后，一个对页组成的比例。开本的大小和比例提供了一个容纳画面的空间。根据读者的年龄、故事的意味和作者表达的特点，选择恰当的开本是图像表达的一个元素。

图画书的开本通常是接近方形或者就是方形，如12开、20开、24开、48开等，展开之后提供了比较适度的空间。如《小老鼠和大老虎》《蓬蓬头溜冰》（竖16开）或《杂毛猫》（24开）。有一些书如《诺亚方舟》《图说日本历史》（横16开），十分开阔的页面便于描绘无边无际的感觉。

（二）装帧

装帧渗透在一本书的每一个角落。广义的装帧包括了全书的图画和文字排列，但此处重点介绍图画书的封面、环衬、正文、扉页和封底。

封面是图画书的脸，喜不喜欢图画书，通常从喜不喜欢图画书的封面开始。图画书的封面既有书名又有图画，书名说出了一个大概的故事，图画画出了故事中的主人公和主要的故事情节。同时封面介绍了这本图画书的创作者和出版者。图画书的封面选图十分重要，封面设计多从书中选图，也有专门绘制的。画面要既精彩又不宜过于直白，用在封面上的设计语言有取舍、摆布、强调与文字的组合等等，它凸显着作品的个性或给幼儿留下某种悬念。

环衬是精装书封面与正文相粘连的一个对页，俗称“蝴蝶页”，在封面后的叫“前环衬”，封底前的称“后环衬”。许多图画书的蝴蝶页是白色或单色纸,有的创作者还会精心挑选颜色,借以表现故事的整体感觉。有些创作者很善于利用这一过渡性的走廊,借助封面所抛出的某个线索,给读者做阅读的准备。有的蝴蝶页上会有图像的设计,以暗示内文的线索;有的图画书别出心裁,前后蝴蝶页相互呼应,分别作为故事的序幕与故事的结束。

扉页又名书名页,通常在蝴蝶页后出现,扉页的必要文字与封面基本相同,包括书名、作者名、出版社名等。从扉页的图像表达设计上说,它可以是单页,也可以是前环衬连扉页。从形象上看多数扉页会让读者见到主人公,但也可能只是让读者进入一种环境,好等待主人公的出场,或是选择书中一件道具,来传递作品的某种意味。其表现方式多样,但总体的视觉重量应轻于封面。

正文通常由十到二十几张的内页组合而成,通过页与页之间的版面变化,可以在情节的发展进程中暗示情绪的转折,营造出整本书的节奏与律动。在图画书中最常见的页面设计为一页一画面,两页分左右呈现的对页安排,再配合图文合页或图文分页设计,通过左右两页的互相对照就可以串联起内容发展的关系。还有一种形式是两页以画面的跨页设计,在左右两页的相互对照中串联起内容发展的关联性。

封底首先是了解图书定价的地方。从美术表现说,它应该体现故事的尾声,封底一般只做点缀性的装饰设计,创作者在封底设计上有各种巧思的呈现:幼儿图画书在封底上提供内容大意,有的引介书中的一个画面,有的呼应封面的图像,有的放上推荐这本书的文字等。有时候,读者还能在封底有惊奇的大发现,因为作者用心地将封面与封底联结成了完整的画面,延展成完整的视觉印象。

二、结构与构图

(一)结构

根据幼儿阅读特点,图画书的情节设计常选择有一定节奏的表现方式,伴随着翻页而实现。利用翻页巧妙安排情节的设计,可以给幼儿一次次惊喜,使阅读增添游戏性,这种结构的设计使得故事情节以最有趣的方式展开,也常常是推动幼儿翻页的视觉因素。如《谁在里面?》由一个个小谜组成,翻页使幼儿得到解谜的快乐,而在幼儿得知谜底的同时获得卵生动物分类的知识。

(二)构图

图画书的构图是指创作者的画面布局,包括主角、配角与各种物体在画面中的位置、动线、视角、运镜、比例等,借以营造空间场景,表现整体局势与角色之间的互动关系。读者若能通过对构图的认识,了解创作者的布局安排,探索角色与空间的微妙关系,就能进一步感受角色在环境中的处境,以及角色之间的微妙互动或情感对应。

通过对构图的感知,图画书阅读就能从表面的视觉游荡进而成为立体探索的心理活动,从情节中进一步探索到角色的感受与想法,进而发现作者传递的信息与思想。

1. 位置

景、物、角色在场景中的摆置,可以呈现角色或物体与空间的对应关系,或是彼此之间的互动暗示。将主题置于页面中心或是视觉聚焦处,读者就可以立即发现与掌握。但若主题偏离画面中心,则焦点失衡,形成不稳定的状态,就可以传达不安的情绪,或让读者感觉到主体仿佛即将走出页面的局限,去延伸后续发展的无限空间。由此可知,物体在页面中的位置可以传递出不同的心理暗示。

除了左右的位置、方向安排,上下位置也同样传达了角色关系或内在的情绪、性格的暗示。

2. 动线

一般来说,横排式文字表现的图画书通常由右往左翻页,图中角色面向右方,暗示往前行进;若动线相反,由右往左,则意味着往回走,或产生冲突,如此一来,动线就推动了情节往前发展,或是暗示了故事发展的冲突,有助于理解故事的发展脉络。

3. 视角

视角,即视觉观看的角度。图画书中常见的视点为图像与读者处于同一个水平位置的平角视角，但创作者也会运用低视点及高视点等构图变化，呈现各种观看的角度。如同读者从不同的观点思考，就会有多元的观察与体会一样，通过不同的视角变化，也能激荡出更多元丰富的思维。

平角是读者的视点与画面的主题大概一致；将视点置于画面下方的低视点即所谓的仰角，这时景物经过仰视会变得高大壮硕，凸显出该景物的重要性；视点置于画面上方的高视点，将看到的景物置于下方，即所谓的俯角，从高处向下俯视时，会因登高望远而扩展画面的视野，凸显气势。通过前后页面视角的变化，可以暗示情绪的转折，探究不同角度的思维和观点，或是传递角色的心情与想法。读者可由此探究前后转变的原因，于是故事的含义与书的主旨就呼之欲出了。

4. 运镜

通过运镜设计，可在构图上呈现出远景、中景、近景、特写等不同的视觉感受。远景镜头应用于场景的全览，以营造情境氛围，或强调角色与环境的关系；中景镜头能在画面中呈现人物的全身，这也就是所谓的标准镜头，用以交代角色，并带出角色之间的互动关系；近景画面若以人为例，大约是能呈现膝盖或腰部以上的部分，可应用于人物对话等画面中；特写画面则强调某个局部的重点呈现。

5. 比例

在图像的表现上，安排角色与角色或角色与环境之间的大小比例，也是创作者表达意图的一种方式。占画面较大的景、物会吸引读者的目光，传递重要性。若画面中同时出现几种对象或几个角色，通过大小比例的不同，可产生角色卑弱与豪迈两种截然不同的气势，以表达主、配角的关系，或是表现两者地位的差异与情势的强弱。

三、造型与色彩

（一）造型

造型就是创造出来的物体形象。图画书中，最常见的就是角色和物体的造型。塑造角色的相貌、物体和环境的面貌是图画书造型的功能所在。

造型具有很强的表现力，还能传达作者的情绪。由于每一本图画书中的故事意图各不相同，因此绘画者笔下的造型也就千姿百态，所传递的情感也不同。幼儿阅读的图画书中造型的清晰程度、轮廓的完整性、线条简练与否、意图是否明确都要根据小读者的年龄梯次细致把握。

1. 线条

创作者作画的线条，都传递思想与情绪。从线条的粗细曲直的表现来看，粗、直的线条可以表现阳刚的气势，或是刚硬、锐利、严峻和秩序感；细线条勾勒出婉约、柔美、精致的情境，也可以通过细腻的描绘，进而精细刻画出作者想传递的信息；弯曲的线条传达平和、温馨的感受；不规则的线条让画面具有流动性，但更蕴藏随性的意味，传递了轻松、自在、活泼的气息；不完整的简短线条呈现不稳定的动感，产生动画的效果，让静止的画面仿佛在纸上跳跃，充满活力。

2. 跨页水平线

用线条来构筑曲、直、歪、斜等不同的水平线，以传达适当的情绪，营造氛围。横跨页面的平直水平线传递出放松与平静的情境氛围；以随兴的弧线构筑的地面线条，则传递出自在、随意的感受；偏斜的水平线则常是失去平衡或内在不安的暗示。

3. 造型

创作者通过不同的造型与姿态传递人物的性格及生命状态。圆形造型传递出亲和、柔软、轻松、拙趣与圆满的感受，而方形或棱角造型若加上刚锐的棱角与粗硬的线条，则传达出严肃、秩序、刚毅的意味，也可表现角色之间张牙舞爪的紧张关系。同时造型的功能也体现在对角色的穿着、姿态、动作的着墨上，鲜明刻画出性格或情绪。

《猜猜我有多爱你》——故事被安排在荒野上，主角是野兔。一大一小两只最自然、最普通的相貌，他们的动作表情都没有被“镜头”关注的感觉。速写的线条，写意的笔法，便于动作的变化与伸展。单纯而朴素的用色适合荒野的意趣。没有小花被，没有儿童床，小兔子也没有漂亮的睡衣，只有一丛荒原——对于身后宽广的母爱、令人疼惜的亲子之情而言，那一切显得多余。有成人谈到此书时，动情地说道“爱得有‘让人心碎’的感觉”。假设造型调换得更漂亮，场景更换得更亮丽——置换的造型、场景还能给你“心碎”的感觉吗？它们担得动这样辽阔而质朴的爱吗？这便是造型的魅力！

造型所能传递的情感语言是十分丰富而又比较直接的，它和色彩一样，在与读者的阅读接触中是站在最前列的。不同角色的性格、相互交流时的态度、情绪上的变化，大都是通过造型来传递给读者的。一部作品的形成，很大程度上有赖于造型和色彩。

《猜猜我有多爱你》封面

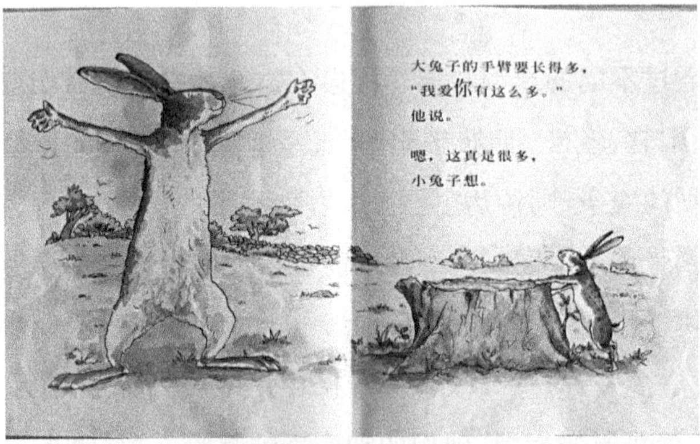

《猜猜我有多爱你》内页

(二)色彩

色彩是传递情感温度、呈现作品性格、营造画面气氛的重要元素。对图画书的图像来说,重要的不是丰富的色彩,而是要具有能够充分表达故事内容的表现力。即使是单纯的黑色、褐色,只要能够精彩地描绘出故事的世界,幼儿就可以通过图画来理解故事内容,想象故事世界的色彩。

1. 色相

色相是红、蓝、黑等颜色的名称,通过自然与文化的联想,读者看到的图像不只是颜料的组合物,而是从情景到意境的感知与体会。[①]自然联想如:红、橙、黄等暖色系列能传递出温暖的感受;蓝色常给人海阔天空、辽阔自由的印象,而黑色则营造神秘或阴森的气氛;红色常让人联想到火,也有热情、愤怒、警戒等联想。在文化的联想上,不同的文化情境会产生特定或各异的意义,例如:红色在中国有喜气洋洋或代表新年的意思,但对其他国家的人而言,就没有这种联想了。因此,面对不同国家出版的图画书,不能只从自身的文化情境投射。如《鼠小弟的礼物》中粉红色的气球凸显出礼物的温馨和幸福;《因为爹地爱你!》中以黑色为底色,传达了害怕和恐惧的情绪。

《鼠小弟的礼物》的封面

①林美琴.绘本有什么了不起[M].乌鲁木齐:新疆青少年出版社,2012:58.

2. 明度

绘图者调配颜色的深浅，使画面产生明暗变化，以表现光线、天空的状况及景物的立体感，传达情境氛围与角色的情绪。明亮的画面常让读者产生热烈、快乐、开朗的感受；而阴暗的画面则呈现黯淡、神秘、抑郁、阴沉的心情或晦暗不明的氛围。《我想要爱》以厚重的暗棕色表现大熊吉米想要爱，却遍寻不着的失落心情。

《我想要爱》封面

3. 彩度

彩度指的是色彩的纯度或饱和度。一般而言，红、黄、蓝三原色不混杂其他的色彩，纯度最高；反之，若各色彩互相匀和，则会降低彩度，呈现浊度。如果画面彩度高、颜色鲜艳，则易产生感情饱满、浓烈的联想，带动昂扬的情绪与张力；而低彩度则呈现较柔或沉淀的色感，传达柔和、沉稳的感受。

用大家最熟悉的图画书《猜猜我有多爱你》解析颜色在图画书中的运用吧！文中一大一小两只兔子，画得相当拙朴，作者运用少许的土色加上钢笔墨线勾画出的轮廓，便为读者呈现出一对惹人爱怜、情深意切的母子兔子。在图画书中，画家没有使用浓重的色彩，而是小心翼翼地挑选了土色、淡橄榄绿色和暗蓝色三种颜色。土色画兔子、大树和栅栏，淡橄榄绿色画小草和树叶，暗蓝色画天空。柔和的色彩以及大面积的留白和接近单色的背景，营造出一种恬静的视觉效果，体现了水彩画天然质朴的特点。

四、细节、笔触与风格

(一)细节

恰当的画面细节能使故事更加丰富,是给幼儿不断带来乐趣的元素。细节丰富、画面细腻的图画书,会成为幼儿发现和参与其中的游乐场。因此绘画者会在书中安排一些小细节,这些细微的呈现悄然置于画面中:有的暗藏于书中的某页,有的隐匿在每一页中,如同躲猫猫一般,等读者去发现,引发持续阅读的兴趣;有些细节并没有特殊的意义,只是创作者的个人偏好,却能暗示作者的意图,带领读者更深入地感受。

(二)笔触

图画书创作中的造型、色彩等都是经由画家的笔触而落在纸面上的。笔触可以是勾线的痕迹,可以是涂色的痕迹,也可以是撕纸的痕迹。如果由不同材质拼贴出物体,则拼贴材料的肌理也属这种痕迹。它传达了作者的心迹,也是作者创作情绪所产生的细节。"情感落在纸上的痕迹",这可以用来解释笔触的含义。例如《狐狸》的绘画,用色的笔触非常明显,线条几乎像刀的划痕——书中的确有硬器勾画的笔触,所有文字均手写——作者似乎受不了一点机械性的因素出现。速度感很强的笔触描绘了火红的狐狸飞奔的画面。焦灼的沙漠、浓烈的情谊,友谊、信赖、分离、孤独等书中角色的情感世界,在不容分说的笔触中,给读者强烈的撞击和震荡,牵动着读者为角色的命运而担忧。

(三)风格

不同内容、不同作者的创作形成了图画书绘画风格上的差异。绘画风格的形成,可以说是不同的画家对于此前谈及的所有美术语言进行的运用。如何调遣与运用这些语言,则取决于画家以自己的艺术个性来体悟作品并转而与小读者进行美术交流的过程。识别风格是理解图画书的一个组成部分,风格的感受往往激发读者洞察和发现的能力。

屠美如教授在其研究中发现,在没有主题或控制主题的情况下,儿童能像成人一样把一个艺术家的作品划分出来，并且通过训练，大多数6~7岁儿童能够感知作品的风格。因此阅读不同风格的图画书有利于幼儿吸收大师作品中的构图、线条、作画方式、对色彩的运用、画面的总体感觉，从而丰富其艺术感受。图画书以其独特的画风、丰富的色彩、细腻的笔触、细节的描绘、和谐的画面使幼儿在阅读过程中充满甜美的视觉享受。

第四节　从图文信息推论

一本图画书至少包含三个故事：第一个是文学讲述的故事，第二个是图画讲述的故事，第三个是文字与图画相结合而产生的故事。[①]文字和图画的关系有点像一对亲密的恋人，它们手拉手互相补充，努力把故事讲好。文字讲了，图画就不讲；图画讲了，文字就不讲。文字讲不出的东西，图画来讲；图画讲不出的东西，文字来讲。图画和文字讲故事都有局限，图画擅长表现空间，却不擅长表现时间、声音、味道、事物的因果关系和人的心理活动，而这些对于文字来说都不在话下；但如果用文字形容一座城市，可不如一张简单的图画让人一目了然。因此，图画书的图文关系，既复杂又迷人。如果能从图和文两个方面分析图画书的内容，你就会走进图画书，走进作者的内心世界，知道作者是怎样讲故事的，而不是永远站在故事外边听故事。

一、图画书与阅读能力获得

随着知识经济时代的来临，阅读能力成为检验世界各国竞争力的重要指标，也成为教育工作者关心的话题，许多专家学者都强烈呼吁：提升幼儿的阅读能力刻不容缓。当然，不论对于哪个年龄层的读者，图画书都具有提升阅读兴趣的作用，阅读兴趣正是打开阅读之门的钥匙，阅读能力更是使阅读乐趣持续的基石。下面则讨论图画书与幼儿阅读能力获得之间的关系。

①彭懿．图画书应该这样读[M]．南宁：接力出版社，2012：35.

(一)从“阻力”到“助力”

图画书虽然可以吸引各年龄层的读者,尤其是年龄小的幼儿,触动阅读兴趣,诱发阅读行动,但是许多研究却发现:有些幼儿由于从小接触图画书,反而失去了阅读文字书的耐心与能力,影响了持续的阅读。如此一来,图画书在幼儿的阅读学习中所扮演的角色,可以是启蒙阅读兴趣的助力,但也可能是发展高层次阅读能力的阻力。学者培利·诺德曼(Perry Nodelman)与金史密斯(Evelyn Goldsmith)的研究发现:幼儿在阅读过程中,的确可以利用图画书来学习,但是有的幼儿却只读图不读字;图画书对阅读技巧的发展有利有弊。

阅读能力是在识字的基础上进一步发展理解与应用知识的能力,其中的关键在于能从外在走马观花式的“看”书,进入感受与思维的内在交互激荡,只有这样,才能从有所感而到有所得。图画书成为阅读阻力的原因就是读者容易被生动有趣的画面所吸引,只停留在浏览图画的五光十色,只是浅层和具象地“看”到,长久下来就会过于依赖图像的具体呈现,容易造成思考能力的丧失。这样,对于需要想象、思考、自行组织意义的文字符号就会失去兴趣,也就没有耐心读文字书,失去了深化阅读的动力。因此,要让“阻力”消逝,在阅读图画书的过程中,不应只局限于有趣的图像,而应当通过图画书的示意功能,通过对图像的感知,让阅读由外在的表象浏览发展成为内在想象与思考的心智活动,将具体的图像转化为抽象的思维,这样,就能从情节中领悟到主旨与意义。如果能够发展这样由外而内的阅读历程,那么对于抽象的文字符号就更能理解与掌握,也就能顺利发展出深度阅读的关键能力,启动阅读续航力。

(二)从“图像”到“图感”

1968年,生理学家斯贝瑞(Roger W. Sperry)提出了人类大脑左右二元思维模式的创新研究,他发现人类语言、分析思维主要通过“左脑模式”来运作,而形象的、感知的能力则是由“右脑模式”来运作,他的研究开启了后续无数的大脑研究。[①]1979年，艺术、教育与认知心理学博士贝蒂·爱德华(Betty Edwards)女士将斯贝瑞博士的理论应用在教育领域中。她将右脑形象、感知能力的开发运用于一般教学中，通过图像感知来触动大脑启动感觉机能，把从图像中感知到的信息和自己的生活与学习经验进行联结，经过想象与推论，得出某种概念，再传达到大脑的语言系统，将其加以诠释。爱德华博士希望能以这种图像教育为途径，开展从启发到理解的学习。

爱德华博士的研究可以应用于图画书阅读上。如同文学作者一笔一画写成文字，组合成词句、段落、篇章等语意符号以传递完整的信息或表情达意一样，优秀的图画书创作者除了要有构思的创意，也需要将对图像的精准掌握作为传导感觉与思想的媒介。在创作时，作者从点到线，再由线条画出造型，安排构图，加上色彩组成画面；有的作者还会运用象征、细节等手法，让想法可以更清楚地传达出来。这些图像信息组合成画面，传达某种情绪、氛围与感觉，如果可以感知到其中的信息，即培养“图感”，让大脑经过感知的触动进行感受、想象、思考等一系列活动，唤出脑中相关的意义、影像和记忆来响应，牵动情绪共鸣，就可以接收到图像所传达的丰富信息，感受到作者传递的情绪，了解作者表达的思想。经过上述过程后，再通过对信息的整合，得出某种含义，传递到大脑的语言系统，就能用词汇表达出丰富的意义。

(三)从“图感”到“语感”

有研究发现，用文字搭配儿童能产生联想的图像辅助学习的方法，一旦儿童将脑海中的图像和文字联系起来，就能轻易了解文字的含义，并理解整个句子。如在理解“穿过”这个词时，使用两名儿童爬过一个洞的图片来解释，儿童在观看图片几次之后，就会将字和图片联系起来，因此，采取这种字义解释搭配图像的方法，能有效改善儿童阅读能力。

正如前文爱德华博士的研究指出的：脑中的信息若能经过右脑的图像感知，再传达到大脑的语言系统，那么接收到的语言文字信息就不再只是概念的输出，而是经由感觉与情绪交流后的体会，能转化成一幅幅细腻生动的

①林美琴.绘本有什么了不起?[M].乌鲁木齐：新疆青少年出版社，2012:31.

心灵图像。如果读者对文字有感觉，有共鸣，也就是掌握了“语感”，就能在字里行间不断产生丰富、生动的“图感”。

由于图画书是通过图像与文字两种媒介交织、互动，传递信息与表达思想的出版类型，文字与图画相互依存，具体的图像可以辅助语意理解，文字也可以说明图像的含义，更可以从图像的意象触发对文字深刻意义的感知。如果是后者，就能培养出敏锐的语感。如果通过图画书阅读培养出“图感”的能力，进而引发对文字的深刻体会，为培养“语感”做铺垫，以接收到文字的丰富含义，对于阅读的领悟就会更加深刻。如此一来，图画书就不再只是吸引阅读兴趣的助力，更能奠定、建立起深度阅读的基础。

二、从图文信息进行推测

图画书主要由图或图文搭配传递信息，培养敏锐的图文感知能力有助于在图画书中获取丰富的信息，就如名侦探在办案过程中采集种种蛛丝马迹，作为后续深入探究的准备一样。培养阅读能力的第一步就是要学会从阅读材料中提取信息，作为后续推论与发展阅读线索的铺垫。接受的信息越多，在后面步骤中的领悟就越丰富。下面就以几本幼儿喜爱的图画书为例了解欣赏图文的艺术。

（一）《小蛇散步》

1. 内容梗概

下了很长时间的雨终于停了。小蛇要出去散步。爬着爬着，路上突然出现了一个大水坑。“这点小事，难不倒我……”小蛇跃起身，把脑袋抬到了水坑那边的地上。它正要把尾巴缩起来继续走，小蚂蚁来了，“能从你的背上爬过去吗？”“可以，可以！”小蛇很高兴地说。接着，小蚂蚁、小蜗牛、小蜥蜴、小老鼠一个接一个地从小蛇背上爬过去，小蛇笑眯眯地趴在那儿。小蛇刚想收起尾巴过水坑，小狗、狮子、大象又过来了，他们嗒嗒嗒、咣咣咣、咚咚咚地从小蛇背上走了过去，原来弓着身子的小蛇现在都快被压平了。

《小蛇散步》封面

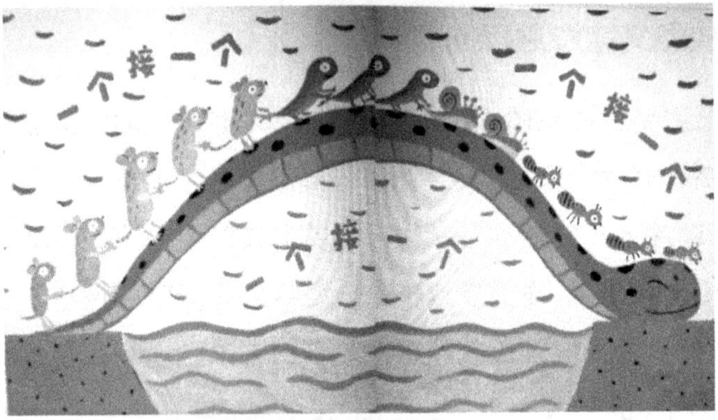

《小蛇散步》内页

2. 作者简介

尹东宽1957年出生于日本东京，早稻田大学教育系毕业。在学校他就开始创作图画书。后来一直活跃于图画书及童话创作领域，作品丰富，以诙谐幽默的语言和独特的绘画风格深受读者的喜爱并且获得了多项大奖。他的作品还有《鲁拉鲁先生的院子》《云娃娃》《落叶跳舞》《小泥人》和《没关系没关系》等。曾获得日本绘本大奖、日本绘本奖读者奖、路傍之石幼少年文学奖、国际儿童读物联盟优秀作品奖、讲谈社出版文化奖绘本奖等。

3. 欣赏图文的艺术

这本书构图简洁明快，基本上以天空和大地为背景，主角小蛇始终在视觉中心位置上。对幼儿来说，图画的主题宜集中，背景不需要太多铺垫，但纯色块或留白又太单调。作者极富创意地加上一些小圆点、小弯点、小横点，这些抽象的点点，幼儿会将它们想象成在大地和天空可能出现的一切：沙子、小花、小草、小虫、小鸟、云彩、水珠。而这些点点同时也丰富了画面，给画面增添了对比感和质感，配合着鲜艳的色彩，带来了强烈的视觉冲击力和别具一格的艺术效果。

画面用色单纯集中，以橙色和蓝色作为全书的基调，辅色是与橙色邻近的土黄、橘黄以及与蓝色邻近的绿色、浅蓝色，增加了画面的层次，单纯又有变化。

作品中动植物的造型去繁就简，稚拙却生动，像小巴掌一样的树，笨笨的小虫，没有脖子的大狼，大块头狮子……像小朋友的手笔，是作者的审美取向。但他十分注重细节的传情达意。比如，小蛇的眼神和表情丰富又传神，每一个情境都不一样，表达出它的状态，推动着情节的发展。小蚂蚁们过“桥”的时候，它笑眯眯地闭着眼睛享受助人为乐的自豪感；大狼从它身上踏过时，它吃惊得一下睁圆了眼睛，连舌头都吐出来了……这些诙谐夸张的表情，往往能抓住幼儿的注意力，带领他们进入故事的情景。

图画书的文字除了象声词，就是简短的对话和自言自语的独白，天真无邪的话语将小蛇塑造成了一个热心肠的、帮人帮到底的小小男子汉形象。拟声词夸张又传神，带着很强的现场感。这本书从视觉形象到语言，到故事的意趣，都是幼儿所喜爱的。

（本案例摘自陈晖《经典绘本的欣赏与讲读》）

（二）《鸭子骑车记》

1. 内容梗概

一天，鸭子冒出一个疯狂的主意：“我打赌我会骑车！”他一摇一摆地走到男孩停着的自行车旁，爬上去，骑了起来。母牛见了心里想，“这可是我见过的最愚蠢的事”；绵羊想，“要是不小心，它会受伤的”；狗想，“这可是真功夫啊”；猫想，“我才不会浪费时间去骑车呢”；马想，“你还是没我快”；母鸡想，“你看着点路”；山羊想，“我真想吃那辆车子”；两头猪想，“鸭子真爱出风头”；老鼠心里想，“我真想像鸭子那样骑车”。一群孩子骑着自行车飞奔过去，他们把车子停在门口进屋去了。这下，有好多自行车呢。

《鸭子骑车记》封面

《鸭子骑车记》内页

2. 作者简介

大卫·夏农是美国著名的绘本作家、画家，1959年10月5日出生于美国华盛顿。他从小喜欢棒球和画画，长大以后学习美术，顺利取得艺术学位之后又只身一人去了纽约，走上了艺术创作的道路。《大卫别去当海盗》《大雨哗啦哗啦下》《大卫、不可以》等绘本本本精彩，并获得很多奖项。

3. 欣赏图文的艺术

一只小鸭子对比它大很多的自行车产生了兴趣，还想亲自骑上去，这有些不可思议，也实在需要勇气。是大胆的作家实现了鸭子大胆的想法——大卫·夏农就是一个了解幼儿心理、善于表现幼儿天性、为幼儿创造快乐的绘本作家。

这只鸭子是一个近乎疯狂的英雄。它有理想，骑车是它的一种向往；它有个性，敢想敢干，说骑就骑，不在乎其他动物的想法；它有勇气，在整个农场里，还没有动物这么做过。绘本中，鸭子在自行车上做出各种动作，蹬车、挥手、脱把，甚至还能站在车座上。在冒险过程中，它的车技越来越好，小小的身躯显得那么灵活，其他动物的或质疑或羡慕的心理，反衬出它是那么潇洒和自在。

与鸭子的壮举完美结合的是作者明朗大气的艺术风格。故事线索清晰明朗，语言叙述简洁明快，小鸭子骑车行程非常流畅，也留下足够的空间，让幼儿去欣赏画面，尽情想象。相似的句式在不同的场景下反复出现，既能使情节突出集中，又像童谣一样能够很快给幼儿留下深刻的印象。配合着文字的引领，饱满多彩的画面在读者眼前展开，故事的各个角色先后出现在舞台的中央，视觉的焦点集中，适度夸张的大小比例，又构成了一种离奇的幽默。作者充分描撰鸭子在车上的各种姿态，描摹每种动物的神情和动作，突出它们的内心活动。特别是，自行车在每一页都出现，从不同的角度看它，通过视点的转换、跳跃，塑造了一个个动态的瞬间。

（本案例摘自陈晖《经典绘本的欣赏与讲读》）

（三）《100万只猫》

1. 内容梗概

从前，有一位老爷爷和一位老奶奶住在一座漂亮的房子里，但他们很孤独。老爷爷为了给老奶奶选一只猫，走了很远很远的路来到了一座满是猫的山丘上。这里有几百只、几千只、几百万只、几千万只、几亿万只猫。老爷爷先选了一只白猫，接着又带上了黑白花猫、小灰猫、小黑猫、棕色和黄色条纹的猫。老爷爷每次抬起头碰巧都会看到一只漂亮的猫，不知不觉，他把所有的猫都带上了。

“天哪！我们养不起它们啊！”老奶奶惊呼。他们决定让猫们自己来决定该留哪一只。无数的猫吵得天翻地覆。过了一会儿，连一只猫都不见了！“可是看哪！”老爷爷发现了一只受惊的小猫蹲在草丛里。在老爷爷和老奶奶的精心照料下，这只小猫成了世界上最漂亮的猫。

2. 作者简介

婉达·盖格1893年3月11日出生于美国明尼苏达州的新乌尔姆。她的父亲是一位画家和摄影师，盖格继承了父亲的艺术天赋。她母亲的祖先是捷克人，婉达的欧洲血统和儿时听到的德国民间传说影响了她的一生。

她14岁时父亲去世，24岁时母亲去世，她一个人将6个弟弟妹妹养育成人。她依靠家人朋友的借款及奖学金，在明尼阿波利斯艺术学校和纽约的艺术学校学习，毕业后画过好几年时装插图。不过，她渴望画自己喜欢画的东西，于是辞去工作，回到乡下专心创作。1928年，《100万只猫》出版了，这本书被誉为美国第一本“真正的绘本”，拉开了20世纪30年代“绘本黄金期”的序幕。盖格的主要作品还有《好笑的东西》(1929年)、《粗鲁又急躁》(1931年)等。多部作品获得纽伯瑞奖银奖和凯迪克奖银奖。

17岁时，她在日记里写道：“我自己的座右铭——画是为了活着，而活着是为了画。”画画一直都是她生活的动力。婉达·盖格于1946年6月27日去世。

3. 欣赏图文的艺术

这部绘本的故事素材来自一个德国民间故事，有着民间文学的基本模式、风格和趣味，夸张的手法、重复的节奏、线索清楚结构完整的戏剧冲突与事件、讲故事的口吻，营造出幼儿喜爱的绵密的故事感和他们熟悉的民间故事氛围，作品因此能够进入幼儿心灵，并长久地留在他们的记忆中。

在文字充分地表述故事的前提下，作品仍然成功而完美地呈现了图画叙事，通过线条、形状、构图，通过留白、画面的衔接与流转、图像细节，图画将文字不曾涵盖或没有描述的背景、情形、状态、过程，直接刻画和展现出来。正因为作品有意结合“文字的语言”和“图像的语言”，并让两者相辅相成、合二为一，它被认为是美国第一本“真正的绘本”，成为绘本的传统经典。

版画风格、黑白色调，似乎与民间故事的淳朴和醇厚有着天然的契合。在原作中，作者更刻意加入她弟弟的手写文字，让作品具有民间手工艺品特有的素朴、古旧的质感。整体的和谐，让这部黑白的绘本与任何彩色的作品相比都毫不逊色。

《100万只猫》封面

《100万只猫》内页

（本案例摘自陈晖《经典绘本的欣赏与讲读》）

第四章　幼儿园教育活动实施现状和图画书使用现状分析

第一节　幼儿园教育活动实施的现状分析

幼儿园教育活动实施的水平决定了幼儿园教育的质量和儿童发展的水平，高质量的幼儿园教学活动，不仅体现在教学活动中，更体现在游戏活动和生活活动的组织与实施以及幼儿的成长过程中。分析目前幼儿园教育活动实施的现状，借助图画书对建构更有现实意义和实践价值的幼儿园教育活动体系具有积极的作用。

一、教学活动主题选择过于单一

综观幼儿园教学活动的主题选择，突出的不足是缺乏新意、主题单一，甚至有些主题远离幼儿的生活经验，有些看似对幼儿成长具有重要价值的主题仅通过教学活动来实现是不足够的，比如交通标志，认识交通标志是最重要的实现目标吗？不是，通过认识交通标志提高幼儿自我保护的意识才是课程实施的重点。但是仅通过教学活动，不通过真实情景的实践体验，这种概念是无法建立的。因此,这样的主题确定看似价值大但实际开展效果却不佳,幼儿仅仅了解了与交通标志相关的知识,而没有真正建立规则意识和在实际行动中践行。类似这样的主题很多,此处不一一列举。研究者认为,幼儿园教学活动选择应在社会生活中的大事件、优秀的儿童文学作品、中国传统历史文化等有现实意义或与实际生活密切相关的内容中选取。从另一个角度思考,教材被确定后,会日复一日、年复一年地使用,不仅教材编写者很少对教材进行修改,幼儿园的使用者也会一成不变地使用教材。

二、教学活动内容的平衡性不够

从主题之间的联系看,主题与主题之间欠缺内在联系,即教材本身没有遵循循序渐进和遵从课程内容螺旋式发展的基本原则,具体来说就是每一个主题都各自为政,主题与主题之间的中心主旨欠缺内在的联系;从主题之下的具体教学活动内容的横向联系看,内容之间的联系很牵强,有的甚至没有直接的联系;从主题之下的教学活动内容的平衡性分析,有些领域的内容多而有些领域的内容缺失,甚至有些内容显得牵强附会。因幼儿园教学活动内容的平衡性缺乏,会影响幼儿对某一个主题的思想、内容的理解,因为幼儿期的思维特点是具体形象思维,幼儿对某一问题的深刻理解必须从多维度入手并借助多种方式而获得。

三、教学活动与游戏活动纵向联系不足

目前幼儿园使用的教材仅确定每个学期的四个主题和依据这四个主题从五大领域的视角设计教学活动,而教学活动仅是幼儿一日生活的一个组成部分,是一日生活十个环节中的一个环节,仅占一日生活中1个小时的时间,幼儿园使用的教材缺少和主题内容相关的游戏活动设计。游戏是幼儿学习的基本方式,也是课程开展的重要方式,因此,游戏在幼儿园课程建设中的地位不言而喻。从幼儿园使用的教材看,只有主题之下横向的五大领域之间的相对联系,一日活动中教学活动与游戏活动和生活活动之间缺乏纵向的联系。目前幼儿园教育活动开展的现状则是,教学是教学,游戏是游戏,幼儿的一日生活未紧紧围绕主题内容而有效开展。

四、幼儿参与教育活动的程度低

教师按照教学参考书中已经设计好的教学活动方案组织实施活动，在教学活动开始之前或者教学活动组织过程中往往忽略幼儿已有的知识经验和幼儿的兴趣点所在，通常情况下，教师也忽略了教具、学具准备这一重要的环节，在教学活动组织过程中以讲授为主要教学方式，或让幼儿看看、画画、做做幼儿用书中的相关内容。幼儿在整个教学活动中表现出参与程度低，兴趣不浓厚。

五、教师循规蹈矩开展教学活动，缺乏思考

幼儿园使用的审定教材在发行后的几年仅对教材中的部分错误进行了适当的修订，主题的内容、教学活动设计、幼儿用书等均无大的变动。在这种情况下，无论是教学方案书写抑或是教学活动组织，幼儿园教师均按照教师用书的提示开展教学活动，年复一年、日复一日，教师参与课程建设的积极性逐渐消逝。长此以往，幼儿园教师几乎不思考教学活动的内容是否适合幼儿发展的需要，教学方法的设计是否调动了幼儿的兴趣，教学活动的设计是否合理。由此分析，统一的教材有利有弊，一方面规避了幼儿园选用多套教材的问题，减轻了幼儿的学习负担；另一方面，教师在幼儿园课程建设中的主动性、积极性消失，幼儿园教师专业成长中最重要的反思意识和能力也逐渐丧失。

第二节　图画书在幼儿园教育活动中的使用现状分析

图画书成为幼儿重要的学习工具，成为幼儿园课程建构的素材已有近十年的发展历程，研究者从对图画书的初认识到喜欢图画书的内容与图画，再到将图画书作为素材在幼儿园开展系列研究亦有近十年的历史。现从以下三个方面对图画书在幼儿园教育活动中的使用现状进行具体分析。

一、仅作为幼儿园语言教学活动开展的素材

图画书本身属于文学作品的范畴，在图画书进入幼儿园的初期阶段，大量图画书的文学元素被幼儿园教师挖掘，幼儿园教师依据图画书丰富的文学元素将其设计为优秀的语言领域教学活动，如上海的应彩云老师设计了许多被幼儿园教师认可的语言教学活动，大家熟知的有《彩虹的尽头》《天生一对》《猜猜我有多爱你》等。伴随着对图画书研究的深入，研究者发现图画书除了文学元素还有艺术元素，和文学元素密切相关的社会元素，甚至有些图画书中蕴含着科学元素。但在研究的初期，大部分教师将图画书作为幼儿园语言教学活动开展的素材，未能深入研究图画书内容，将其内容拓展设计为其他领域的教学活动。随着研究的不断深入，这一问题现在已初步解决，并有了一定的突破。

二、仅在幼儿园领域教学活动中发挥作用

从幼儿园对图画书使用的频率看，图画书用于教学活动的频次要高于在生活活动和游戏活动中的使用；和教师的访谈中获知，教师只对能开展图画书教学活动的图画书进行深入的阅读和分析，对班级图书角和图书馆的图画书通常不阅读，在一日活动组织中并不安排合适的时间与幼儿一起共读。从这两个角度分析，图画书的作用没有被充分发挥，图画书不仅应该成为幼儿园教学活动设计与实施的素材，更应该体现在幼儿园环境创设中，甚至成为幼儿园游戏活动开展的线索。如图画书可以放置在班级的图书角，幼儿园的大厅、过道等幼儿能触及的任何地方，以体现环境对幼儿的影响，在潜移默化中培养幼儿阅读兴趣。

三、仅作为园所图书馆和阅读区建设的需要

在调查研究中，研究者发现，大部分幼儿园均有专门的图书阅览室或者绘本馆，幼儿园购置的各种类型的图画书通常存放在那里，幼儿园有专门的图书阅览时间表，保证幼儿每个星期有一次到两次的时间到图书馆看书。但也有部分幼儿园将图书馆当成摆设，仅为达到幼儿园分类评估的要求或

者将图书馆的创设作为幼儿园功能用房的特色满足参观的需要。如果抱有如此心态创建的幼儿园图书馆，这所幼儿园的幼儿就没有机会到幼儿园图书馆阅读。研究者认为，书只有流动，只有被读者阅读才能发挥其重要的功能和价值，如果幼儿园有丰富的图画书资源，却让它静静躺在幼儿园图书馆，不如想尽办法将幼儿园图书馆向家长和幼儿开放，为创设家园共育的阅读环境而努力。

第三节　基于图画书开展幼儿园教育活动的原因分析

一、幼儿园层面

（一）培养幼儿阅读兴趣和习惯的重要途径

《3-6岁儿童学习与发展指南》（以下简称《指南》）强调要为幼儿提供丰富、适宜的低幼读物，经常和幼儿一起看图书、讲故事，丰富其语言表达能力，培养阅读兴趣和良好的阅读习惯，进一步拓展幼儿的学习经验。《幼儿园教育指导纲要》（以下简称《纲要》）强调：利用图书、绘画和多种方式，引发幼儿对书籍、阅读和书写的兴趣。由此可见，对幼儿进行早期阅读教育是很有必要，也是非常有意义的。而图画书是开展早期阅读的首选读物，优秀的图画书能给幼儿带来愉悦和幸福感，能让幼儿对阅读产生浓厚的兴趣。教师应积极创设一个宽松、愉悦的心理环境，让幼儿在没有外部负担的情况下根据个人喜好选择阅读。而人的阅读习惯不是一朝一夕养成的，日本小提琴教育家铃木先生曾说：一个好的习惯需要5000次养成，而一个坏习惯需要6000次才能改善，可见习惯的养成是需要时间和历程的。要帮助幼儿养成阅读习惯，需要教师和家长共同参与。教师明确培养目标，会在一日生活中为幼儿提供更多、更适合的读书机会，如开餐前后、晨间活动、离园前；家长树立培养目标，则会每日与幼儿亲子阅读，从网上为幼儿购买图书，带幼儿去书店阅读购买图书。如果教师和家长的理念明确，目标清晰，思想一致，幼儿的阅读习惯就会逐渐养成。基于图画书开展幼儿园教育活动是培养幼儿阅读兴趣和阅读习惯的重要途径。

(二)图画书是幼儿园教育活动开展的资源

对于幼儿来说,以图画书为素材设计与实施的五大领域教学活动能够为他们提供认识世界的独特视角,图画书中蕴含的社会、语言、认知、情感、艺术等方面的内容使得图画书成为幼儿园开展教育活动的重要资源,不仅可以实现领域教育之间的相互渗透和整合,而且可以是教学活动、游戏活动和生活活动的链接点。具体而言,图画书成为幼儿园开展教育活动的重要资源主要表现在:(1)图画书语言文字的魅力。图画书故事中语言朴实无华,简洁明朗,易于幼儿阅读,能够潜移默化地提高幼儿的语言涵养。(2)图画书画面的审美价值。图画书中的绘画多半都是专业插图画家的作品,他们采取各种绘画工具与材料,创造出与故事同步传达的画面,幼儿在阅读过程中可以感受美、欣赏美。(3)图画书蕴含丰富的人生哲理。图画书常常将生活的哲理和深刻的道理,通过有趣的故事和好看的画面传达给孩子,虽然精短,但是含义无穷,使幼儿的种种愿望在愉快的阅读中得到虚拟的满足。(4)图画书是正能量的体现。图画书阅读使得幼儿与故事本身直接对话,让幼儿心灵得到净化,并且与生活对话可以陶冶幼儿的身心,促使幼儿形成积极向上的情感,学会关心、分享、坚韧、勇敢,并启迪幼儿生活的智慧。(5)图画书创造无限想象力。想象力和创造力是通过直接和间接的体验获得的,体验越丰富,想象力越丰富,造型优美、色彩艳丽的图画书为幼儿提供了很好的视觉体验,能够充分激发幼儿的想象力和创造力,能让幼儿正确地认识世界,拓宽眼界,丰富经验,激活幼儿的求知欲望。

(三)改善现有幼儿园教育活动实施的现状

关于幼儿园教育活动实施的现状,前面已做详细阐述,不再赘述。反思图画书在幼儿园教育活动中使用现状,在原有图画书研究的基础上,用一种新的视角思考图画书在幼儿园教育活动实施中的价值,探究借助图画书内容作为每个月教学活动开展的主题,在主题之下设计五大领域的教学活动;探究以图画书为素材开展游戏活动、健康活动,并尝试在生活活动中渗透;

探究家园共育阅读环境的构建。如此,可从根本上解决原有主题教学活动内容单一,教学活动与游戏活动、生活活动无联系,幼儿兴趣不浓厚,教师缺乏反思精神等问题。

二、幼儿层面

(一)图画书是幼儿最喜欢的阅读材料

图画书是儿童文学的一种重要表现形式,其主要阅读对象是学龄前后的幼儿。在图画书中,每张图像都会说话,图与图之间呈现独特的叙事关系,幼儿得以由直觉进入图画书的世界,自然流畅地听故事。图画书作家在创作时,除图像要贴合幼儿的世界外,还必须重视美感呈现。图画书的图像和文字蕴含默契,“图画书中的图画是作为故事内容在每一页出现的,并且对故事完整性有着不可或缺的作用,图文互相依赖并互为影响”,能让幼儿在轻松愉快中进行阅读是优秀图画书的重要标志。图画书也是发达国家家庭首选的儿童读物,国际公认“图画书是最适合幼儿阅读的图书”。我国当代著名作家、儿童文学家曹文轩曾说:“相较于西方,中国儿童在阅读的过程当中省略了一个重要环节,就是一个人在四五岁的时候绘本的阅读。”①

(二)图画书阅读对幼儿发展有积极的促进作用

图画书最主要的目的在于透过阅读,提供给幼儿真实或最接近真实的各种生活经验,让幼儿不但可以对书中和他有相同遭遇的人物产生认同并得到宣泄内心情绪的机会,也可以帮助幼儿学习从不同角度来看事情,练习以不同的立场替别人设想。图画书对于幼儿来说就如同不时陪伴在身边的好朋友,在它面前幼儿会自然地卸下所有的武装,展现自己最真实的一面。透过图画书阅读,还能帮助幼儿更真切而透彻地间接体验到各种现实人生,能够帮助幼儿解决一些心理方面的问题,还能让幼儿体会浓浓的爱,懂得感恩……阅读图画书对幼儿阅读能力的培养乃至一生的成长发展都有着不可估量的作用,主要表现为以下几个方面。

①曹文轩.别忽略幼时读绘本[N].中华读书报,2008-04-30.

1. 有助于提高幼儿的语言表达能力。根据皮亚杰认知发展理论，2到7岁是儿童认知发展的前运算阶段，也是语言迅速发展的阶段。“尼农和布鲁曼（Ninio&Brumer，1978）指出，母亲和幼儿在图画书阅读过程中的相互作用，不仅是理解图画的基石，也是掌握语言的基石。”对于语言发展尚不成熟的幼儿来说，像“爱”“高兴”“痛苦”等这些抽象的词，是很难理解和掌握的，而图画书能以图的方式传达这些概念，并以图文并茂的方式让幼儿在栩栩如生的画面中建立准确、生动而形象的语言运用图式。例如在《猜猜我有多爱你》中，大兔子和小兔子不断通过肢体语言的变化表达对对方的爱，并不断升华爱的内容，使幼儿生动形象地感受到爱的内涵和本质。另外，美国桑达克的三部曲《野兽国》《厨房之夜狂想曲》《在那遥远的地方》，三个故事表现同一个主题：“幼儿如何掌握各种情绪——气愤、无聊、恐惧、挫败、嫉妒，并设法接受人生的故事”，让幼儿通过故事来体验各种情绪，从而理解这些情绪的意义。

《野兽国》封面

《厨房之夜狂想曲》封面

《在那遥远的地方》封面

2. 有助于促进幼儿品格的健康发展。著名教育家罗素认为，品格教育在幼儿6岁前就已基本完成，6岁以后只是在以前的基础上加以巩固。中国有句古语“五岁成习，六十亦然”。因此学前期是幼儿人格塑造的奠基石，是进行品德教育的重要时期，也是良好心理品质形成的最佳时期。阅读具有优秀品德内涵的图画书，会激发并促使他们向书中的优秀人物学习，在生活中会不自觉地以其为榜样并努力向其靠拢。例如《小兔波力品格养成系列》，用温暖亲切的小故事生动再现幼儿日常生活中遇到的各种问题，而莽撞淘气又温柔善良的小兔波力则教会幼儿为人处世的许多道理：如何面对困难、如何克服恐惧、如何关爱别人、如何与人相处等等。只要在阅读时正确指导，就可以让幼儿受到潜移默化的熏陶，培养出健全品格的幼儿，搭建好通向社会的桥梁。

《无字书》封面

3. 有助于幼儿思维能力和想象力的发展。日本松居直先生认为："对于图画书而言，读书就是读故事，通过图画读懂故事……如果想象力丰富，人就能看到看不见的东西。图画书与想象力有很大的关系。"[①]图画书为幼儿的思维和想象力发展提供了一个良好的平台，因为图画书最大的特点就是用一系列连贯的图画组成一个完整的故事，以图为主，图文结合，所以阅读图画书可以培养幼儿良好的图像概念，提高思考连贯性，丰富想象力。瑞士莫尼克·弗利克斯的代表作《无字书》系列作品，没有一个字，却生动表现了聪明可爱的小老鼠的独特意识和情感世界，画面为幼儿提供了无限的想象空间。该书因具有培养幼儿想象力、观察力和思考力之独特功能而风靡全球。图画书是用画面来描述情景，传递给幼儿，让幼儿养成图像思考的习惯，培养观察力。[②]因此，通过阅读图画书，幼儿的思维和想象力可以得到无限拓展，而图画书这种图码与语码相结合的方式，在相互弥补缺憾中也彰显了各自的优势。

4. 有助于培养幼儿的探究能力。幼儿有很强的好奇心，在阅读图画书时，总想从画面上得到故事发展的过程和结果，因此，幼儿阅读图画书的过程，就是一个发现问题、提出问题并寻找答案的过程，也就是一个不断探究的过程。如德国霍尔茨瓦特的图画书《是谁嗯嗯在我的头上》，用"嗯嗯"，也就是"便便"来当主角，故事讲述一只倒霉的小鼹鼠，寻找到底是哪个坏蛋的"嗯嗯"掉在它头上的过程，幽默有趣地带领幼儿认识各种动物的大便。又

①〔日〕松居直.我的图画书论[M].上海:上海人民美术出版社,2009:24.

② 郝广才.好绘本如何好[M].南昌:二十一世纪出版社,2009:55.

如美国左罗托夫的《风到哪里去了》，以“风到哪里去了？”为开端，用优美的画面提出“问题”，激发幼儿的思考兴趣，用抒情的文字和丰富多彩的图画讲述了对万物循环链的礼赞。图画书能用图画抓住幼儿的注意力，激发他们的探究兴趣。当幼儿在图画书世界里遨游时，其探究能力会随着日益增长的知识和丰富的想象力而得到发展。

《是谁嗯嗯在我的头上》封面

《风到哪里去了》封面

5. 有助于培养幼儿的美感和审美能力。经典图画书都是由著名艺术家、最了解幼儿心理的美术家画的图，他们出色地运用绘画技巧，通过优美的图画来诠释生动的故事，使得图画书既有色彩、线条、构图的美，又有语言、韵律和故事情节的美。如瑞士马克斯·菲斯特创作的《彩虹鱼》，通过一条有闪亮七彩鳞片彩虹鱼的经历，告诉幼儿生活的真谛：痛苦与朋友分担，痛苦会减半；快乐与朋友分享，快乐会加倍。该图画书插图采用水墨画技法，融入了中国画的传统元素，鲜活亮丽且富有现代感，画中水的场景，仿佛每个水草都在荡漾、漂浮，给读者以美的享受。有些图画书还采用剪纸、水彩、油画等各种形式绘画，已经成为一种“综合艺术品”，有很高的审美价值。有意识地让幼儿阅读这些优美的图画书，不仅能培养他们的色彩感知能力，帮助他们树立正确的审美观，提高欣赏水平，而且能激发幼儿创造美

《彩虹鱼》封面

的热情，帮助他们步入艺术殿堂，让幼儿终身受益。

(三)基于图画书开展教育活动符合幼儿学习的特点

《指南》的“说明”明确指出：“幼儿的学习是以直接经验为基础，在游戏和日常生活中进行的。”[①]这就点明了幼儿学习的主要特点是做中学、玩中学、生活中学。幼儿的这一学习特点是由其年龄特点、认知特点所决定的。幼儿在阅读的过程中，将书本中的图画内容运用于生活实践，又将生活感知延伸到了间接经验和科学知识的学习上，丰富了幼儿的知识和经验储备。而从图画书中所建构的不同情境、不同内容以及不同的表现形式中去发现、探寻和理解事物的含义及发展变化，就是一种最好的“做中学”体现。

结合3～6岁幼儿的身心发展特点，不难发现此阶段的幼儿最喜欢的是那些以图为主、色彩鲜艳、图案形象夸张、只有少量简易文字的图画书。因此，研究园所在开展图画书教学活动时，会考虑图画书中的角色、画面、主题、情节和细节等因素。例如：对于小班幼儿来说，适宜选择画面简单、角色少，人物要大且形象有趣，情节简单、重复、易于理解，与幼儿生活密切相关的图画书。如《好饿的小蛇》《彩虹色的花》《抱抱》《我爱幼儿园》等图画书。中班幼儿已具备一些生活、知识经验，且处于形象思维阶段，可逐渐增加图文并茂、情节连贯的图画书，可以选择画面清晰、情节丰富、形象突出的图画书如《母鸡萝丝去散步》《小猪变形记》和《蚂蚁和西瓜》等。而大班幼儿阅历增长，求知欲望更强烈，又富于幻想，是培养创造性思维的良好时机，应抓住这一有利时机，选择从情节简单、篇幅短小的读物逐渐过渡到情节较长、复杂的故事，从单页图画逐渐过渡到连环画，或者一些适合想象创造的无字读本，如《海滩假日》《蛋糕哪儿去了》《不得了的野餐》等。在考虑幼儿身心发展特点和幼儿兴趣的基础上，选择了以下图画书作为幼儿园主题活动的素材。(见表4-1)

---

①李季湄，冯晓霞.《3-6岁儿童学习与发展指南》解读[M].北京：人民教育出版社，2013：48.

表4-1 兰州城市学院实验幼儿园以图画书为素材开展主题教学活动之目录

时 间	年龄班		
	小 班	中 班	大 班
第一学期	抱抱	母鸡萝丝去散步	蚯蚓的日记
	我爱幼儿园	蚂蚁和西瓜	阿迪和朱莉
	彩虹色的花	猜猜我有多爱你	蛋糕哪去了
	好饿的小蛇	小猪变形记	海滩假日
第二学期	我也行呀!	地上100层的房子	不得了的野餐
	好饿的毛毛虫	云朵面包	地下100层的房子
	十个手指头和十个脚趾头	我爸爸	11只猫跑马拉松
	小金鱼逃走了	逃家小兔	小阿力的大学校

三、家长层面

(一)家长对幼儿园早期阅读教育的关注

当今社会是知识和经济迅猛发展的时代,社会对人的文化素养和阅读能力提出了更高的要求。1995年11月15日正式确定每年的4月23日为"世界图书日",设立的目的是推动更多的人去阅读和写作。与此同时,儿童的早期阅读问题受到了世界范围内教育理论工作者和实践工作者前所未有的普遍关注。家长逐渐认识到早期阅读对幼儿发展的重要性,一方面在理念上发生了改变,从以前的单一认为幼儿阅读主要是以识字和学习知识为目的的思想,转化成了更广义的阅读精神层面;另一方面加大了对幼儿图书购买的教育投资,除了在购书数量上的变化外,在选书的过程中,幼儿的年龄特点也逐渐成为家长在购买幼儿读物时首要考虑的问题;最后,家长也会增加与幼儿亲子阅读的机会和时间,一般会安排在晚饭后或睡觉前,根据幼儿的兴趣来决定持续阅读的时间，与幼儿共同阅读图画书。有研究显示，美国儿童的阅读量是中国儿童的6倍，其中主要的原因是美国家长陪幼儿读书的时间比中国父母多很多。因此，在幼儿成长的过程中，除了"言传"，家长的"身教"更为重要，只有家长自己坚持读书，经常和幼儿一起读书，在读书过程中常与幼儿交流，这样才能培养幼儿的阅读兴趣，提升幼儿的阅读水平。

（二）家长对图画书阅读价值认识的提高

20世纪90年代后期图画书在我国慢慢地进入大众的视野，尤其是2006年之后，在一批儿童图画书推广人的努力下，我国在引进国外优秀绘本的同时，还逐渐出现了国内画家创作的本土绘本，使得越来越多的家长开始认识并了解儿童图画书及其带来的阅读价值。幼儿园为了更好地了解家长对图画书阅读价值的认识，用访谈法对A、B、C、D四位幼儿家长进行深度访谈，通过访谈了解到家长眼中的图画书阅读价值。

在访谈中，研究者发现，四位家长对"什么样的书是图画书"的回答基本一致。A家长认为"图画书是有字也有图的"。B家长认为"图画书主要是讲故事的"，"图画书上的画比较多"。C家长认为"图画书就是一些类似日本的漫画和卡通的书"。D家长认为"图画书就是用图画讲故事的书"。同时他们认为研究中选用的图画书与传统的图画书有一定的区别，A家长认为"图画书都是印刻的，是精装本"。B家长认为"图画书总体感觉装帧比较好，让人看起来比较舒服"。C家长认为"图画书是手绘出来的"。D家长认为"图画书质量要好一些，用的材料好一些"。从以上家长的叙述中可以看出被访家长对图画书的认识是视觉上的感性的认识。

在访谈的过程中也了解到，虽然被访家长都认为图画书价格贵，但仍会为幼儿购买。当问他们给幼儿买图画书的原因时，被访家长认为图画书对幼儿身心发展有积极作用。可见家长意识到图画书阅读对幼儿成长的价值是不可估量的。那么被访家长认为图画书对幼儿的发展有什么样的价值呢？从被访家长的描述中研究者发现，被访家长认为图画书在幼儿接受新知识方面有一定的作用，但不同的家长对图画书价值的认识存在差异。有些家长对图画书价值的认识比较单一和浅显。C家长只是从幼儿教师那里简单了解了图画书的价值,认为“他会主动讲里面的故事给我听”。可见C家长仅认识到图画书对幼儿语言能力的发展有一定作用。D家长则认为“图画书和其他促进幼儿发展的工具一样都是为了让幼儿更好地接受知识”。D家长比较重视图画书对幼儿知识获得和情感方面的作用。而有些家长对图画书的价值认识比较全面和深入,看到了图画书的多重价值。A家长认为“图画书在促进幼儿语言、认知、情感、想象力以及幼儿良好的阅读习惯形成等方面有巨大的价值”。B家长也认为图画书能传达给幼儿一定的知识,但B家长更看重图画书带给幼儿的快乐,B家长说:“幼儿能从阅读图画书的过程中得到享受,心情愉悦……最看重的是幼儿在阅读过程中的享受。”B家长还认为,“和幼儿一起读图画书,享受这种亲子关系很幸福”。B家长对图画书阅读价值的认识与日本绘本大师松居直的观点相近,松居直认为图画书不仅能给幼儿带来丰富的语言体验,而且更重要的是图画书是一座传递亲情的桥梁,能让成人透过图画书向幼儿说话,或亲子交谈,感受对方的爱。[1]可见,幼儿园的家长对于图画书的价值有了更进一步的认识,这种理念促进了亲子阅读的开展,在亲子阅读的互动过程中,图画书的价值可以得到最大程度的发挥和体现。

①〔日〕松居直.我的图画书论[M].上海:上海人民美术出版社,2009:68.

第五章　基于图画书开展幼儿园教育活动的策略

图画书成为幼儿的恩物，成为幼儿园开展教育活动的素材，一个原因是即使不识字，幼儿也能通过直观的图画了解、感受到图画书所蕴含的艺术信息，因为幼儿对图画书中的图画有着敏锐的观察力和细腻的感受力。幼儿也许是图画书的最好读者，绝大多数成人都没有寻觅图画书中图画的细部以及微妙变化的习惯和能力，幼儿却拥有这样的阅读能力。另一方面，图画书的主题丰富多彩，涉及幼儿园五大领域的教学活动内容，且通过图文并茂的方式讲述主题，使得幼儿在轻松自然的阅读过程中初步了解亲情、友情、生命、成长、健康等晦涩难懂的问题。

第一节　以图画书为素材开展领域教学活动的策略

"想做什么"和"为什么要这么做"

我园王老师从上海学习回来，将在上海观摩到的一节语言领域的教学活动"打瞌睡的房子"进行教学展示，与园内教师分享与交流。她认为这是一个完整的、优秀的教学设计，在上海看到的观摩活动效果也不错，但是依葫芦画瓢在本园开展了同样的活动，效果却大相径庭，其中一个很重要的原因就是学了“形”，没学到“神”。看来，在观摩一个教育活动时，不光要看这个教师“想做什么”，更重要的是要看她“为什么要这么做”。对“想做什么”和“为什么要这么做”的回答，正反映出幼儿教师在一定教育理念指引下的教育活动设计技能。

李芮玲教师执教现场

幼儿园教育教学活动是教师有目的、有计划地积极利用幼儿园的环境和材料，通过教师和幼儿双向的交流和互动，以激发幼儿主动参与活动，促进幼儿身心全面发展的过程；它是实现幼儿园教育目标，组织传递教育内容的手段。

《纲要》第三部分“组织与实施”第二条指出，幼儿园教育活动是教师以多种形式有目的、有计划地引导幼儿生动、活泼、主动活动的教育过程。教师要根据幼儿的发展水平、兴趣需要、经验特点等选择活动内容，设计活动目标，有目的、有计划地对幼儿施加教育影响，并根据幼儿的反馈主动调整教学的内容、方式，控制活动的进程，引领幼儿向着目标方向发展。因此以图画书为素材开展领域教学活动也要遵循幼儿园教育活动设计的基本理念。

在这一节中，重点探讨以图画书为素材设计五大领域教育活动的策略。幼儿园教育活动设计是以对教师引起、维持和促进幼儿学习的所有行为的关注为出发点，以研究幼儿的发展为落脚点，对教师教学组织行为的一种预先策划,它是对一系列外部事件进行精心设计和安排的过程,其目的是为了支持和促进幼儿内部的学习。以图画书为素材的幼儿园教育活动设计包括对学习活动目标的设定,对学习对象的分析,对活动资源的开发和利用,对学习过程的安排和调整,以及对学习对象行为的预测和评估等。

一、教育活动目标设计策略

教育活动目标是幼儿园目标体系中最具体的目标,是完成幼儿园教育教学任务,实现幼儿园保教目标的基础。因此,确定科学的教育活动目标,与幼儿园保教质量密切相关。恰当地表述教育活动目标是教学活动设计的重要环节,也是幼儿园教师专业技能的重要体现。

目标是教育活动的起始环节,是开展教育活动的出发点和归宿,它规定了教育活动预期所要获得的某种效果,它是教育活动内容选择、方法运用、效果评价的依据和准则。因此,明确教育活动目标的过程也是精选教育活动内容、优化活动方式的过程。

(一)考虑领域核心价值

《纲要》明确规定了幼儿园教育内容的广泛性和启蒙性,可按照幼儿学习活动的范畴相对划分为健康、语言、社会、科学、艺术等五个领域,各领域的发展目标是不同的,如语言领域重点发展幼儿的言语表达能力,艺术领域重点发展幼儿的审美感受和体验,但各领域的内容都应对幼儿的情感、态度、能力、知识和技能有所发展。因此,在目标设计时,要根据领域目标的特点设计具体的活动目标。

要关注领域目标的核心价值。语言领域的核心价值在于倾听、感受、理解和表达,科学领域的核心价值在于幼儿的积极主动探究,艺术领域的核心价值在于对美的欣赏与表现,社会领域的核心价值在于幼儿的主动参与和交往,健康领域的核心价值在于提高幼儿的自我保护能力和积极情绪的培养。

(二)体现三维目标

美国著名教育评论专家布鲁姆自1948年开始研究教育目标的分类,到

1972年，陆续编写出了认知、情感、动作技能三个领域的教育目标分类学，其目标分类的具体性、准确性和可评性值得在幼儿园活动设计中借鉴。认知领域有六项指标，即知识、领会（理解）、运用、分析、综合、评价；情感目标有五项指标，即接受与注意（觉察、愿意接受、控制或选择的注意）、反应（默许、意愿、满意感）、价值观（接受、偏爱、承诺感），组织和个性化；动作技能领域有三项指标，即知觉、行动的倾向与组织和动作活动。①具体的教育活动要突出以上三个领域的教育目标。

（三）表述清晰具体

在幼儿园的目标体系中，教育活动目标是最具体的，因而是完成幼儿园教育任务的基础。关于教育活动目标的表述，教育心理学家比较一致的观点是重点应说明学习者行为或能力的变化。1962年，马杰（Mager, R. F.）在其出版的《程序教学目标的编写》一书中提出，一个教育活动目标应包括三个基本要素，即行为、条件和标准。行为是说明学习者通过教学将能做什么，以便教师能观察学习者的行为，了解目标是否达到；条件是说明这些行为在什么条件下产生；标准则指出了合格行为的最低标准。②

（四）易于操作检测

从幼儿园的目标体系来看，从低到高，各层次目标越来越抽象、概括和笼统，最具体、最底层的幼儿园教学活动目标体现的是一种对实践活动的价值追求，是可观察、可测量、可评价的，具体指导着教学活动的进行，并通过教学活动效果的反馈不断得以调整和完善。因此，教学活动目标的设计应当是具体、明确的，教师容易操作的，观摩者易于检测和评价的，它直接引导教师的教学和评价。

---

①许卓娅.幼儿园课程理论与实践[M].南京:南京师范大学出版社,2002:151.

②黄瑾.幼儿园教育活动设计与指导[M].上海:华东师范大学出版社,2007:38.

二、教育活动内容处理策略

幼儿园教育活动内容是指为实现教育目标，要求幼儿获得的知识、技能、情感和经验的总和。教育活动目标与教育活动内容是相辅相成的，教育活动内容是教育活动目标实现的载体，教育活动内容要以教育活动目标为依据。教育活动内容的选择必须实现教育目标，与教育目标保持完全一致。所以，教师在掌握活动目标设计的基础上，还要进一步掌握根据目标处理教育活动内容的技能。

教育活动内容是指一整套以教学计划的具体形式(课表和课程)存在的知识、技能、价值观念和行为。它们是根据各种社会需要为学校规定的目的和目标而设计的。按照不同教育层次、类型、年级和学科安排的这些内容，是按某种教育目的制定的，是构成一个具体过程学习的对象。[①] 教师要根据活动目标，结合图画书的内容，考虑幼儿年龄特点，对多种多样的教育活动内容进行合理的编排和处理，以实现活动。

《纲要》总则第二条指出："幼儿教育是基础教育的组成部分，是学校教育和终身教育的起始阶段。幼儿教育应为幼儿的近期和终身发展奠定良好的素质基础。"这就要求幼儿教师在处理教育活动内容时，一是要注意内容的全面性和启蒙性，二是要注意内容的粗浅性和趣味性，三是要注意内容的整体性和综合性。

王雪教师执教现场

李雨雯教师执教现场

①黄瑾.幼儿园教育活动设计与指导[M].上海:华东师范大学出版社,2007:42.

（一）分析教育活动目标

《幼儿园工作规程》第二十四条也明确提出："教育活动的内容应根据教育目的，幼儿的实际水平和兴趣，以循序渐进为原则，有计划地选择和组织。"教学活动目标是每一次教学活动的出发点，因此在对选择内容进行处理时，首先要把握五大领域的核心价值，使选择内容有助于实现领域目标；其次要深刻分析目标中所表述的语言，紧紧围绕既定目标来选择相应的内容。教师在选择内容时要考虑"我选的内容是为了实现哪一项目标"。

（二）考虑幼儿的现实生活

《纲要》第三部分第四条提出：教育内容的选择应该"既符合幼儿的兴趣和现有经验，又有助于形成符合教育目标的新经验；既贴近幼儿的生活，又有助于幼儿的经验；既体现内容的丰富性、时代性，又注重幼儿学习的必要性、妥当性以及与小学教育的衔接"。这些原则都要求幼儿园教育活动内容来源于生活，与幼儿的生活经验紧密相关，只有来自于幼儿生活经验的内容才能引发他们的探究兴趣，符合他们的认知水平，进而获得可能的发展。

（三）符合幼儿的年龄特点

《纲要》指出："教育活动内容的组织应充分考虑幼儿的学习方式和特点，注意综合性、趣味性，寓教育于生活、游戏中。"这就要求教育活动内容的选择必须考虑幼儿的年龄特点。幼儿的年龄特征决定了兴趣是直接支配他们学习的最大内在动力，幼儿的兴趣和需要是选择教育内容不可忽视的因素。首先，教师要观察幼儿，捕捉幼儿的兴趣所在，选择符合幼儿年龄特点的、幼儿感兴趣并能促进其发展的活动内容；其次，应结合幼儿的兴趣点，从纷繁多样的相关内容中遴选幼儿可以理解的内容；最后，对遴选的内容进行合理的编排和设计。

（四）善于利用环境资源

在幼儿园教育活动内容的选择和安排中，还必须考虑季节、节日、资源等因素，重视教育活动内容与周围社会生活的联系，善于从图画书中的自然环境、历史背景、社会设施、建筑风格等资源中选择教育活动的内容和材料，体现地方性和民族性。如，在阅读图画书的基础上，充分利用当地民间艺术资源在幼儿园开展丰富多彩的艺术活动，指导幼儿自己制作、欣赏香包，自己绘画、欣赏脸谱，自己创作、欣赏雕塑等。

三、教材研究与驾驭策略

教材研究与驾驭不是新的话题，自从有了现代意义上的教材开始，教材分析一直是教师工作的重要内容。它关系到教师对课程的设计、组织与实施，更关系到教学目标的实现和教育目标的达成。因此，掌握教材研究与驾驭的技能是幼儿教师必须掌握的基本技能。

（一）领会各领域目标的精髓

《纲要》《指南》是学科教学的指导性文件，是研究教材和进行教学的依据。因此，在研究教材时应以此为依据。《纲要》规定了，幼儿园课程内容相对划分为健康、语言、社会、科学、艺术五大领域，虽然各领域的内容是相互渗透和整合的，但各领域主要达成的目标是不同的。幼儿教师在研究教材时，必须要明确各领域目标的精髓，为进一步研读所选教材奠定基础。

（二）挖掘教材中促进幼儿发展的元素

教材研究的最终目的是为了更好地设计适合本园、本班幼儿的教学活动，是为了达到教学活动过程的最优化。所以，教材分析一定要在本园实际情境下，弄清教材的要素、对象、过程和特点，弄清教材在幼儿园教学过程中的地位和作用，要分析教材中帮助幼儿学习和促进幼儿发展的内容，然后选择一个具体的切入点来设计教育活动。例如故事《老鼠娶新娘》中的教育元素有：娶新娘、扮新娘的幼儿兴趣点；我国婚嫁文化的知识点；画面本身的线条、色彩、主人公形象让幼儿通过观察而获得的美感体验等。在分析出教材中蕴含的各种元素的基础上，就可以有选择地进行活动内容的设计和梳理了。

（三）研究与教材内容相关的专业知识

教师在仔细分析和研究教材之后，为了更好地驾驭教材内容，还必须研究与教材内容相关的专业知识。如《老鼠娶新娘》的故事曲折生动，画面精细,给幼儿的阅读带来广阔空间的同时,也带来了一定的困难。怎样才能使幼儿理解、接受并喜欢这个故事呢?这就要求教师要对中国传统民间故事有所理解,对中国传统文化、绘画风格和国画的相关专业知识有所把握,对作者写作意图有所领会等。

◆ **案例分析**:老鼠娶新娘(大班)

◆ **活动领域**:语言领域

◆ **活动目标**:

1. 阅读图画书,感受中国的民风与民俗,理解有趣的故事情节,知道每人都有自己的强势和弱势,喜欢自己,对自己有信心。

2. 引导幼儿仔细观察画面并大胆猜想故事情节;尝试用合适的词语、完整的句子清楚地进行表述。

3. 体验阅读图画书带来的愉悦。

◆ **活动准备**:

大书,小书,喜庆民乐录音,配喜庆民乐的民谣录音,黑板及人物(太阳、乌云、风、墙、老鼠)图卡。

◆ **活动过程**:

一、引题

播放喜庆的民间音乐,提问:

1. 音乐声中,人们在干什么?

2. 结婚时,最漂亮的是谁?

3. 瞧,这就是我们今天的新娘——美叮当。可是新郎呢?老村长急急忙忙去寻找,并发誓要找一个全世界最强的新郎。

二、集体阅读,理解故事难点——村长找新郎

1. 老村长想,太阳是全世界最强的,于是他亲自去找太阳问一问。

(1)猜猜他怎么问?

(2)太阳怎么说?辅助问题:太阳凭什么说自己是世界上最强的?你能用太阳的口吻说一说吗?

2. 可是,话还没说完,忽然一片乌云飘来,遮住了太阳。

(1)谁更强?老村长问谁?怎么问的?

(2)乌云又是怎样说的？辅助问题：有了理由说话才理直气壮，想一想，乌云是怎样理直气壮地对老村长说的？

3. 正说着，一阵风吹来，吹散了乌云。

(1)老村长问谁？怎么问的？

(2)风又是怎样有理有据地回答的？

4. 风吹得正高兴，却碰到了一堵墙，村长被撞在墙上，头昏眼花。

老村长怎么问的？墙又是怎么说的？

5. 忽然，墙大叫一声"哎呀"，发生了什么事？谁更强？

三、讨论：谁是世界上最强的

老村长糊涂了，太阳、乌云、风、墙和老鼠，到底谁是世界上最强的呢？

1. 教师摆出相应的人物图卡。

2. 幼儿讨论，谁是世界上最强的？

小结：老鼠怕猫，猫怕太阳，太阳怕云，云怕风，风怕墙，墙怕鼠，世界上没有最强的人，但是每个人都有自己的强项和弱项。

四、自主阅读

美叮当到底嫁给了谁呢？老村长为什么急急忙忙找全世界最强的新郎？答案都在书里，请你仔仔细细、一页一页地阅读，看谁能找到答案。

1. 幼儿阅读，教师巡回指导。重点指导抛绣球场面和结婚喜庆画面的阅读。

2. 阅读后讨论。

(1)老村长为什么急急忙忙找全世界最强的新郎？辅助问题：你找到美叮当了吗？在哪里？美叮当是怎么到了地上的？

(2)美叮当到底嫁给了谁？辅助问题：新郎找到了吗？是谁？新郎新娘都来了，人们在干什么？

五、完整欣赏故事

老鼠家喜气洋洋大摆宴席，我们走过路过，也沾了一身的喜气。要不我们也一起坐下来，凑个热闹？

◆ **附录：老鼠娶新娘**

传说从前在一个村庄的墙角下，有个老鼠村。村长女儿很漂亮，村里的小伙子都想娶她做新娘。村长不知道把女儿嫁给谁才好，他想来想去，决定为了女儿的幸福，要为她找到一个全世界最强的女婿！

谁是世界上最强的？村长想来想去，好烦恼。这时天渐渐亮了，阳光从破屋顶射进来，照在村长脸上。老鼠村长跳起来，大叫："我知道了！太阳是全世界最强的。没有太阳，就没有光明。对！我要把女儿嫁给太阳。"村长说完，急急忙忙出门去找太阳。

老村长走了好久，终于爬上山顶。他问太阳："太阳啊！我是老鼠村的村长，我要把女儿嫁给全世界最强的，你是最强的吗？"

太阳得意地放出全身的光和热，说："当然，我是全世界最强的。世界上有谁能挡住我的阳光？"太阳的话还没说完，忽然一片乌云飘来遮住了太阳。

老村长看见乌云把太阳遮住了，连忙大声对乌云说："乌云啊！我是老鼠村的村长，我要把女儿嫁给全世界最强的，你是最强的吗？"乌云笑着说："没错，我就是全世界最强的，因为只有我才能遮住阳光。"乌云的话还没说完，一阵风吹过来，把乌云吹散了。

老村长对风说："风啊！我是老鼠村的村长，我要把女儿嫁给全世界最强的，你是最强的吗？"风说："是啊！我就是全世界最强的，我会吹，吹散乌云，吹掉人们的帽子，还能把你吹回家。"风鼓起嘴"呼"地吹出一阵强风，把村长吹得东倒西歪的。风吹得正高兴，碰到一堵墙被墙堵住了。

老村长就对墙说："墙啊！我是老鼠村的村长，我要把女儿嫁给全世界最强的，你是最强的吗？"墙挺着胸回答："对！我就是全世界最强的，我天不怕地不怕。"墙正说着，忽然大叫一声："哎呀！"只见墙角破了一个洞，洞中钻出小阿郎。

墙小声地说："我天不怕地不怕，就怕老鼠来打墙。"老鼠村长这才知道，原来老鼠虽小，也有别人比不上的本事呢。他高兴地对阿郎说："我决定把女儿嫁给你。"

就在正月初三，村长女儿坐着草鞋的花轿，吹吹打打地嫁给阿郎。

从此，年初三老鼠娶新娘的传说，便流传下来。每到这一天，孩子总爱唱：

老鼠娶新娘

小白菜，地里黄，老鼠村，老村长。
村长女儿美叮当，想找女婿比猫强。
太阳最强嫁太阳，太阳不行嫁给云。
云不行，嫁给风，风不行，嫁给墙。
墙不行，想一想，还是嫁给老鼠郎。
花对花，柳对柳，鸡嫁鸡，狗嫁狗。
簸箕簸箕配扫帚。
一月一，年初一。一月二，年初二。
年初三，早上床，今夜老鼠娶新娘。
大小老鼠来帮忙，抬花轿，办嫁妆，
新郎新娘早拜堂。
一拜堂，二拜堂，三拜堂来入洞房。

（本活动设计由兰州城市学院实验幼儿园殷冬彦老师提供）

◆ **分析**：《老鼠娶新娘》是一本有趣的图画书，不但文字美，图画美，装帧美，而且涵盖了包含语言、艺术、社会等方面的丰富内容。在选择此教材后，教师在对教材体系结构、文字内容、语言表达等方面领会的基础上，分析出它在各领域中的目标，设计出具有不同教学侧重点的活动，从而带领幼儿在感受故事丰富内涵的同时，培养幼儿的阅读习惯。

四、教学活动方法的选择策略

教学活动方法是指为达到一定的教学活动目标、完成一定的教学活动任务所采用的教学技术的总称。教学活动方法是教育研究中最重要、最具有实践意义的组成部分，包括教师教的方法和幼儿学的方法。教学内容确定之后，方法的设计就成为头等大事。

要恰当选择教学活动方法，首先应明确教学活动方法的分类。教学活动方法的分类就是建立教学活动方法的次序和系统，可根据教学方法中某些特征和一定的科学标准将其分类。

1. 按照教学工作的教法和学法分类。属于教师教学工作的方法有讲授、谈话、演示等,属于幼儿在教学过程中的学习活动方法有练习、实验、游戏等。

2. 按照幼儿学习过程、结果和方式分类。可分为传授式教学与发现式教学。

3. 按照传递信息的来源和感知信息的特点分类。可分为语言法(教师生动的语言、谈话、阅读书籍)、直观法(演示、图示、参观)和实践法(练习、实践、创造性作业)。

4. 按照掌握教学内容时幼儿思维形式的特点分类。可分为归纳法和演绎法。

幼儿园的教学活动方法丰富多样,教师要根据具体的教育活动目标和内容选择适当的教学活动方法。

(一)在确定教育活动目标的基础上选择相应的教学活动方法

教育活动目标是教育活动的出发点和归宿,教学流程的各个环节都要为活动目标的实现服务,活动方法的选择当然也不例外。所以,在选择教学活动方法时一定要考虑活动目标的实现。如以图画书为素材的大班科学活动"有趣的循环",为了实现活动目标,教师投放了大量的操作材料,让幼儿在实践操作、探索发现中初步理解循环的概念,这比教师用讲述的方式更有效,更有利于实现教育活动目标。

(二)选择易于体现教育内容特点的教学活动方法

教育内容复杂多样,仅靠一些一般性的方法不能起到很好的效果。所以,教师需要针对具体的活动内容进一步选择合适的方法。如语言领域的教学活动是为了培养幼儿倾听、理解和表达能力,在选择方法时可以考虑口语类的方法和语言领域的特殊方法;科学领域的教学活动是为了培养幼儿快乐参与、动手操作和发现问题的能力,在选择方法时可以考虑实验、游戏等方法。

(三)依据幼儿的年龄特征选择适宜的教学活动方法

教师要依据幼儿的年龄特征选择适宜的教学活动方法。幼儿具有好动、好模仿、好游戏、随意性、情绪化、易兴奋易疲劳、思维具体形象等身心发展的特点和规律,教学活动方法的选择一定要适合这些年龄特点,使幼儿动静交替地展开活动,这样才能有效地调动幼儿活动的兴趣。

(四)整合利用多种教学活动方法,充分发挥各种方法的优势

每一种教学活动方法都有助于实现一定的活动目标,具有各自独特的功能和优势,但同时也有其局限性和不足之处。正如苏联教育家巴班斯基所说:“每种教学方法按其本质来说都是相对辩证的,它们都既有优点又有缺点。每种方法都可能有效地解决某些问题,而解决另一些问题则无效或低效,每种方法都可能有助于达到某种目的,却妨碍达到另一种目的。”因此,教师在选用教学活动方法时一定要扬长避短。

◆ **案例分析**:耳朵(小班)

◆ **活动领域**:语言领域

◆ **活动目标**:

1. 引导幼儿逐页观察画面并讨论画面内容。

2. 初步学习叠词的使用方法并进行运用。

3. 通过情景游戏表演,体验阅读带来的乐趣。

◆ **活动准备**:

1. 物质准备:PPT、语言书《耳朵》、各种表演道具、音乐、黑板、录音机等。

2. 知识准备:各种动物外形及生活习性的知识经验准备。

◆ **活动过程**:

一、情景导入,激发兴趣

老师带来了几只小动物,它们跑哪里去了?猜猜它们是谁?

二、观察小书,幼儿讲述

1. 教师发放小书,引导幼儿观察封面并提问。你从封面上看到了什么?猜猜他准备干什么?

2. 引导幼儿通过从人物形象、表情、动作、心理活动等方面仔细观察画面。图画中的小朋友打扮成了什么?你怎么知道的?他什么表情?你觉得他在想些什么?

3. 幼儿自由讨论。

三、观看PPT,再次阅读

1. 播放PPT,请幼儿观察。

2. 初步掌握叠词的使用方法，请幼儿边模仿边表达。

3. 引导幼儿讨论。你想打扮成什么动物？它们有什么特点？

4. 幼儿边做肢体动作表演边回答。

四、参加舞会，活动结束

幼儿自由模仿动物，随音乐一起参加动物化装舞会。

（本活动设计由兰州城市学院实验幼儿园刘巧燕老师提供）

◆ **分析**：此案例为幼儿园语言领域中的阅读活动。教师结合小班幼儿注意力容易分散，具体形象的思维特点，运用了观看视频和幼儿自己翻阅小书结合、教师提问和幼儿回答结合、教师讲述和幼儿表演结合的综合活动方法，培养幼儿阅读图书的兴趣，帮助幼儿理解画面的内容，最终实现教学活动目标。案例中教师选用的游戏、谈话、表演等方式符合小班幼儿年龄特点，幼儿参与性强，教学效果良好。

五、以图画书为素材设计幼儿园五大领域教学活动的案例

案例一：语言领域教学活动“彩虹的尽头”

◆ **设计意图：**

《幼儿园教育指导纲要》语言教育目标中要求幼儿能够喜欢欣赏文学作品，较好地理解文学作品，并初步体会作品所表达的情感。《3–6岁幼儿学习与发展指南》语言领域教育建议中指出：引导幼儿仔细观察画面，结合画面讨论故事内容，鼓励幼儿依据画面线索讲述故事，大胆推测、想象故事情节的发展。在生活中，幼儿有很富足的物质享受，但不觉得自己是最幸福的，也感受不到自己身边拥有许多值得珍惜的“宝贝”。因此，我选择了英国作家本杰明的《彩虹的尽头》这个故事，通过引导幼儿观察遴选出的与主题相关的图片，在教师的穿插讲述中，鼓励幼儿大胆清楚地表达自己的想法，不但在深入浅出的解释中明白了重点词汇的含义，同时也让他们更好地感受到作品中所表达的情感，让幼儿能够明白，“宝贝”实际上就在自己的身边，只要有善于发现“宝贝”的眼睛，就会拥有许多“宝贝”。

◆ **活动目标：**

1. 通过细节大胆地猜测故事的情节。

2. 初步感受其实最珍贵和美好的“宝贝”，就在自己的身边。

◆ 活动准备：

多媒体课件、心形卡片。

◆ 活动过程：

一、观察封面，了解故事的名字

1. 这是谁？它们在干什么？

2. 仔细看看獾的表情，它可能看到了什么？

3. 了解故事的名字——《彩虹的尽头》。什么是尽头呢？

二、阅读故事，初步感受其实最珍贵和美好的"宝贝"，就在自己的身边

1. 狐狸和獾要找的"宝贝"究竟是什么样的呢？

2. 它们遇见了谁？猜猜它可能会说什么？

3. 咦，这不是一堆松果吗？怎么成松鼠的宝贝了呢？

4. 这次它们遇见了谁？会发生什么事情？鸭妈妈的宝贝是什么呢？

5. 小朋友们听到过谁叫你"宝贝"呢？别人叫你"宝贝"的时候你的心里有什么样的感觉？

6. 这次又遇见了谁？兔爷爷的宝贝又是什么呢？

7. 狐狸和獾并没有找到金银财宝，它们为什么还这么快乐呢？它们的"宝贝"到底是什么呢？

8. 小朋友，你们的"宝贝"是什么呢？为什么你会这样认为呢？

三、延伸活动

教师出示装满"宝贝"的心形卡片，鼓励幼儿回家后画出自己的"宝贝"，感受身边充满宝贝的快乐。

（本活动设计由兰州城市学院实验幼儿园殷冬彦老师提供）

殷冬彦教师开展语言领域"彩虹的尽头"教学活动

案例二:大班科学领域教学活动“一寸虫”

◆ **设计意图:**

《一寸虫》是一本幼儿喜闻乐见的图画书,书中的一寸虫睿智勇敢。通过阅读图画书,在和幼儿共同阅读的过程中,幼儿不仅对一寸虫在遇到各种比他强大的动物时运用自己的聪明才智脱身的故事本身感兴趣,更对一寸虫用自己身体丈量动物身体不同位置的情节特别关注。因此,在幼儿已有阅读经验的基础上,深入分析图画书中鸟的特征,结合《3-6岁儿童学习与发展指南》科学领域中培养幼儿探究兴趣,注重探究过程,培养探究能力的基本目标,设计了本节科学领域的教学活动。

◆ **活动目标:**

1. 初步认识故事中出现的七种鸟,并尝试用“一寸虫”进行测量。

2. 初步了解测量在生活中的运用。

◆ **活动准备:**

多媒体课件、“一寸虫”小卡片。

◆ **活动过程:**

一、谈话引入主题

1. 提问:如果你可以变成一种动物,你愿意变成什么呢?

2. 观看《一寸虫》视屏。

3. 提问:你们知道一寸有多长吗?

二、你好,一寸虫

1. 看一看故事里到底发生了什么?

2. 还有谁会让一寸虫来测量,它们量了什么?

三、再见一寸虫——感受一寸虫的机智

1. 提问:夜莺会让一寸虫来量什么呢?

2. 提问:你们想一想夜莺的歌声应该怎么量呢?(一寸虫听着歌声,一寸又一寸,歌声听不见的时候,一寸虫就逃走了。)

3. 说一说一寸虫给你一种什么样的感受。

四、想一想、看一看

1. 记录故事里一寸虫遇到了谁,一寸虫都量了什么。

2. 看一看故事里出现的这些鸟到底长什么样。

3. 如果送你一条“一寸虫”，你会让它帮你量什么呢？

（本活动设计由兰州城市学院实验幼儿园丁晓琴老师提供）

丁晓琴教师开展科学领域“一寸虫”教学活动

案例三：小班社会领域教学活动“爱的抱抱”

◆ **设计意图：**

《3–6岁儿童学习与发展指南》中社会领域目标3“具有初步的归属感”中指出：能感受到家庭生活的温暖，爱父母，亲近与信赖长辈。小班幼儿有依恋情结，需要安全感，喜欢大人抱抱他、亲亲他，需要成人爱的表达，只有让他拥有被爱的经历，才能学会爱别人、友好与人相处，这是情感世界中重要的组成部分。但我们发现，有的幼儿乐意让老师抱抱，有的幼儿则会拒绝。为了拉近老师与幼儿之间、幼儿与幼儿之间的距离，帮助幼儿尽快融入集体。本次活动，通过教师与幼儿共同对图画书《抱抱》的欣赏、理解，让幼儿感受妈妈表达爱的方式，从而鼓励幼儿知道在生活中多抱抱可以交到更多的朋友，有爱要说出来，用行动表达出来。

◆ **活动名称：**“爱的抱抱”

◆ **活动目标：**

1. 通过阅读图画书《抱抱》，了解动物之间抱抱的不同方式，能用抱抱的方式表达对老师、小朋友的友爱。

2. 乐意与认识的人抱抱，体验抱抱带来的愉悦感受。

◆ **活动准备：**

教学课件、音乐《爱我你就抱抱我》。

◆ **活动过程：**

一、谈话导入，引起幼儿阅读的兴趣

提问：它们是什么关系？它们准备做什么动作？

二、阅读《抱抱》，了解抱抱的不同方式

1. 教师和幼儿一同阅读图画书，了解动物是怎样爱宝宝的。

2. 观察图片，了解动物们抱抱的不同方式。

教师小结：动物妈妈抱宝宝可以有用翅膀抱、用舌头舔、用鼻子缠绕、用爪子抚摸等不同方式。

3. 讨论：你爱自己的妈妈吗？妈妈为你做了什么？你觉得她是爱你的吗？

三、游戏"抱抱"，体验抱抱带来的愉悦感受

1. 播放音乐，鼓励幼儿把"抱抱"送给老师、小朋友。

2. 教师和幼儿随音乐《爱我你就抱抱我》，把"抱抱"送给幼儿园里更多爱自己的人。

（本活动设计由兰州城市学院实验幼儿园高婷老师提供）

高婷教师开展社会领域"爱的抱抱"教学活动

案例四：大班艺术领域教学活动"色彩的翅膀"

◆ **设计意图：**《3–6岁儿童学习与发展指南》艺术领域中指出：4～5岁幼儿在欣赏自然界和生活环境中美的事物时，关注其色彩、形态等特征。图画书《色彩的翅膀》透过丰富的色彩激发幼儿的大胆想象、大胆表现。根据图画书中“色彩”这一重要线索，鼓励幼儿在动手操作中，通过色彩大胆想象，积极表达自己的想法，在发展幼儿言语表达能力的同时，初步感受色彩的丰富与搭配。

◆ **活动名称：**“色彩的翅膀”

◆ **活动目标：**

1. 通过与材料的互动体验色彩之美。

2. 通过观察图画细节感受大自然中美的色彩。

◆ **活动准备：**

多媒体课件、墨汁、刷子、宣纸、泡沫屑、泡沫胶、素描纸、水彩颜料、小米、喷壶、水彩纸、刮画纸、竹笔。

◆ **活动过程：**

一、梦想的天窗，色彩的翅膀

1. 观察图画书名的颜色。

2. 观察环衬，猜想故事的主人公。

二、色彩的旅行，自然的赞歌

1. 通过玩色及观察画面细节，大胆猜测故事情节。

2. 发现、感受大自然的色彩美。

三、最美的颜色，最终的归属

1. 大胆表达自己喜欢的颜色和感受。

2. 初步感受其实最美好的事物就在自己的身边。

◆ **教师小结：**

绿色，是这个世界上对我们来说最重要的颜色！它象征生命、自由，到处充满生机！刘老师也喜欢绿色，喜欢生机勃勃的中二班。

（本活动设计由兰州城市学院实验幼儿园刘洋老师提供）

刘洋教师开展艺术领域“色彩的翅膀”教学活动

案例五：中班健康领域活动“母鸡快跑”

◆ **设计意图：**

每次户外游戏时，幼儿总喜欢在操场上你追我赶，跑来跑去，有时还会听到他们在边跑边说：“快来抓我呀！”看到他们在追逐、躲闪跑，我想到了和幼儿正在阅读的图画书《母鸡萝丝去散步》的场景。结合《3-6岁儿童学习与发展指南》动作发展教育建议中指出的，鼓励幼儿进行跑跳、钻爬、攀登、投掷、拍球等活动，结合图画书《母鸡萝丝去散步》的内容，改变了图画书中逍遥自在散步的母鸡的形象，结合中班幼儿喜欢跑来跑去、跳来跳去的年龄特点，设计了本次健康领域活动“母鸡快跑”。活动主要以“狐狸捉母鸡”的游戏为主线，培养幼儿躲闪跑的动作能力，并感受体育活动带来的乐趣。

◆ **活动名称：**“母鸡快跑”。

◆ **活动目标：**

1. 幼儿尝试与他人合作玩追逐、躲闪跑的游戏。

2. 引导幼儿喜欢上参加体育游戏，体验集体游戏的快乐。

◆ **活动准备：**

胸饰、音乐、场景。

◆ **活动过程：**

一、热身活动

教师与幼儿共同做热身运动进入场地。

二、游戏"母鸡快跑"

1. 教师与幼儿共同回忆故事《母鸡萝丝去散步》。

这个月我们共读的图画书中有哪两位主人公？小朋友想一想当母鸡发现自己被狐狸跟踪后会做些什么？

2. 教师讲解游戏规则。

在图画书中出现了钉耙、池塘、干草堆、磨坊、篱笆院、蜜蜂房等地点，当狐狸在追赶母鸡时，母鸡可以躲避在场景图后。

3. 幼儿自主选择游戏角色。

游戏规则：在游戏中狐狸追逐母鸡，母鸡能及时躲避狐狸的追赶，找到一个安全的地方藏起来。

4. 教师与幼儿共同游戏。

安全提示：游戏中提醒幼儿注意躲闪，不要和同伴碰撞，并且及时躲避"狐狸"的追踪。

三、放松活动

（本活动设计由兰州城市学院实验幼儿园张婧老师提供）

张婧教师开展健康领域"母鸡快跑"教学活动

第二节　以图画书为线索开展主题教学活动的策略

本章第一节重点阐述了以图画书为素材设计不同领域教学活动的策

略，而本节则重点探讨以图画书内容为线索整合五大领域的教学内容。通过以下几个方面的分析来了解两者之间的异同：同在于都以图画书为素材，遵循教学活动设计的基本原则设计教学活动。异在于，一前者为一本书设计一个教学活动，后者则是一本书设计五大领域的教学活动；二是前者所设计的每一个教学活动都是独立的，教学活动之间没有关联性，而后者均是基于同一本图画书设计五大领域的教学活动，教学活动内容之间有着密切的联系；三是前者以理解图画书的内容为设计目标，后者则在以理解图画书内容的基础上，从图画书的图、文两条线索全面了解图画书内容、情感、艺术呈现方式等多方面的信息；四是前者仅以图画书为素材开展一节教学活动，按照大、中、小班不同的集体教学活动时间要求在15～30分钟，后者则是以图画书为主题，开展为期一个月的教学活动，不仅体现在集体教学活动中，更要体现在游戏活动和生活活动中；五是前者全部都是预设的教学活动设计，而后者可以在幼儿阅读的过程中生成教学活动设计。基于以上分析，以图画书为线索开展主题教学活动更能体现图画书的价值和作用，能最大限度地将幼儿园的主题课程与阅读课程融合，促进幼儿全面发展。

具体而言则是每个学期根据不同年龄班幼儿的发展水平和兴趣爱好选择四本图画书，根据图画书的内容确定当月主题，人手一本图画书，教师与幼儿共同阅读，在阅读图画书的基础上根据幼儿对图画书的理解、幼儿的兴趣需要逐渐向五大领域的其他内容迁移，并将图画书中的内容在一日生活的游戏活动和生活活动中渗透。

一、明确主题教学活动的目标

不论基于图画书开展何种类型的教学活动，明确教学目标都是开展幼儿园教学活动的前提。

好的图画书具有多元的教育价值，不同的人会有不同的解读，不同的思考会设计出不同领域的教学活动。这其中的关键点是教师对图画书理解的程度和幼儿读图能力的发展水平。准确定位目标，从而使图画书成为有效教学的“载体”。

(一)分析图书价值,确定当月教育目标

幼儿园每月以一本图画书为主题,在主题总目标下每周会有周目标,在周目标下设计五大领域教学活动。因此每一个教学活动的目标都是对主题总目标及周目标的具体分解与承载,也是选取每个教学活动内容的依据。所以在开展教学活动时,要考虑每一个具体的教学活动是否与主题目标一致,要将主题目标和图画书蕴含的教育价值进行整合,这样才能有效地发挥图画书的价值,对幼儿发展起到推动作用。例如,中班主题活动以图画书《我爸爸》为线索,一是用语言教学活动为本主题的引子,引发幼儿了解自己爸爸工作、生活的情景及爸爸的各种"了不起"的本领,为主题活动的进一步开展打下基础。其活动的目标是:(1)理解图画书中爸爸所变化的形象在实际生活中的意义,并能够大胆表达;(2)夸夸自己的爸爸,并能用"爱的语言"表达自己对爸爸的爱。在这个活动的基础上,开展了系列有关爸爸的生活、喜好、工作、本领等的活动,从中了解自己的爸爸,感受自己爸爸的"不容易"及对自己的"爱"。二是借助图画书《我爸爸》开展以艺术活动为侧重点的教学活动,其目标是:(1)通过绘画的形式表现自己爸爸的工作情景,了解爸爸的辛苦。(2)能运用各种点、线条、图形等装饰画面;感受爸爸对自己的爱。从以上两个教学目标可以看出,目标的定位是在分析了主题的教育任务后确定的,可以感受到两个以图画书为依托的活动在本主题下所肩负的不同的教育任务。这样的结合能使目标更具层次性、操作性和有效性。

(二)抽取最佳元素,确定需要的合理目标

图画书的最大特点是"图文并茂",不仅能从图画、文字中理解内容,还能从中欣赏图画的色彩和作画方法。根据这一特点,抽取图画书中的某些元素开展教学活动,并据此制定相应目标。例如《蚂蚁和西瓜》是一本极富趣味性的图画书,它讲述了一群蚂蚁是如何将一块被野餐的游客忘在地上的西瓜皮分割、搬运、带回蚂蚁窝,并最终用西瓜皮做了一个滑梯的故事。书里每一只蚂蚁的神态、动作都不同,漫画似的夸张情节和简约的线条笔法,让图画书从头到尾都散发出一种轻松、幽默的味道。A教师抽取了该图画书中"故事内容"的元素进行活动构思,其目标是:(1)幼儿尝试看懂图书,能根据画面进行大胆的猜测和讲述;(2)用肢体体验的方法理解背、顶、扛、挖等动词的具体含义;(3)学看封面、环衬、扉页中隐含的故事内容,进一步了解图画书阅读的方法,感受阅读的乐趣。B教师则重点抽取了图画书中“艺术画面”的部分图片设计了美术活动,而不是完整地呈现故事,其目标是:(1)回忆图画书中生动的形象和情节,感受色彩简约、情趣盎然的美;(2)能正确使用水粉合作绘制西瓜,并用简笔画表现蚂蚁的各种动态;(3)能大胆表现画面的丰富情景,体验创意绘画带来的愉悦感。从中可以看出,两个教学活动都是抽取图画书中的一个教育元素进行目标定位,并对图画书有所删减、改编。

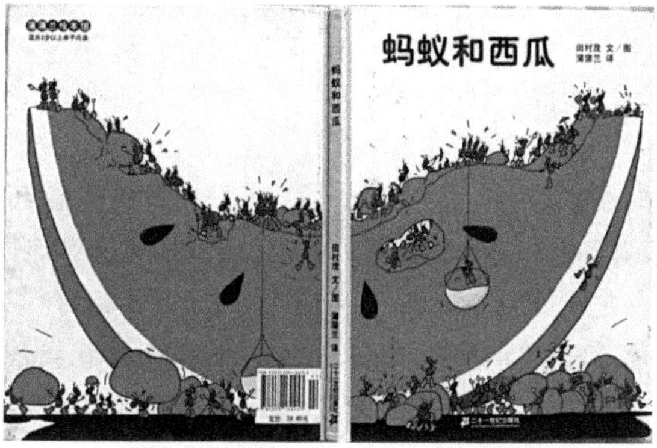

图画书《蚂蚁与西瓜》封面与封底

(三)结合图画书特点,确立精细的递进目标

根据图画书内容的特点,结合幼儿的已有发展水平,对目标进行层次性精细定位,以便更有效地利用图画书的教育价值。例如,《爷爷一定有办法》是一本充满智慧的图画书,故事中爷爷把约瑟的一条毯子逐一做成外套、背心、领带、纽扣等。教师根据这一特点,设计了图书阅读和手工制作相结合的综合活动。其目标定位是:(1)关注故事发展线索,感受爷爷的聪明才智;(2)能大胆尝试,学习对称和保留最多原材料的剪法。这两个目标体现了递进关系:先从认识层面懂得爷爷为什么很聪明(爷爷是怎么做的、有什么道理),然后幼儿尝试、体验这种方法的巧妙。在活动过程中,层层去落实目标:阅读理解故事后,第一环节,将毛毯改成外套——学习“对称剪”;第二环节,将外套改成最大的背心——学习“剪去越少越好的方法”;第三环节,将

背心变成领带——巩固“剪去越少越好的方法”；第四环节，剪两个一模一样的最大的纽扣——综合运用“对称剪”“剪去越少越好的方法”。如此，让幼儿在每个环节都有努力的方向，环环相扣；步步递进，使目标落到实处，教师对教学活动的开展就有了更清晰的把握。

以图画书为素材开展幼儿园教育活动的前提是依据《指南》和《纲要》对不同年龄班幼儿在五大领域发展的要求，结合幼儿在阅读图画书过程中的兴趣，逐渐明晰主题活动目标，形成五大领域的活动内容。下面以《小猪变形记》为例阐述主题教学活动目标的确定。

表5-1　中班《小猪变形记》主题教学活动的目标确定

《指南》要求	《纲要》要求	幼儿阅读的兴趣点	确定教学目标
健康领域 1. 需要不能满足时能够接受解释，不乱发脾气；2. 能助跑跨跳过一定距离，或助跑跨跳过一定高度的物体；3. 能双手抓杠悬空吊起15秒左右；4. 每天早晚刷牙且方法基本正确；5. 饭前便后能主动洗手，方法正确。	1. 适应幼儿园的生活，情绪稳定；2. 生活、卫生习惯良好，有基本的生活能力；3. 有初步的安全和健康知识，知道关心和保护自己；4. 喜欢参加体育活动。	如果我是小猪，我也想变成长颈鹿，我也要脚底下踩一个高跷；如果我是小猪，我就变成小猴子，我要荡秋千；小猪掉进了泥坑里，太脏了，它都不讲卫生。	以高跷为器材开展系列户外健康活动，强调在活动中初步建立安全意识，保护自己。
语言领域 1. 能根据场合调节自己说话声音的大小，经常反复看自己喜欢的图书；2. 愿意用图画和符号表达自己的愿望和想法。	1. 喜欢用语言与人交往；2. 能清楚地说出自己的想法、经验；3. 愿意倾听并能理解别人的讲话；4. 喜欢阅读画册和图书。	如果我是小猪，我要变成小猴子，我还要变成大象。这本书上有好多的小动物。小猪都想变成它们，小猪为什么要变成这些小动物呢？	谈话活动：小猪想要变成谁？小猪为什么想变成这些小动物？ 阅读活动：小猪变形记。

续表5-1

《指南》要求	《纲要》要求	幼儿阅读的兴趣点	确定教学目标
社会领域 1. 对大家都喜欢的东西能轮流分享；2. 知道自己的优点和长处，对自己感到满意；3. 会用礼貌的方式向长辈表达自己的要求和想法。	1. 喜欢参加游戏和各种有益的活动，活动中快乐、自信；2. 愿意与人交往，礼貌、大方，对人友好；3. 知道对错，不做明知不对的事；4. 乐于接受任务，努力做好力所能及的事。	小猪想变成其他小动物，可是那些小动物为什么不帮助小猪呢？小猪想变成别人对不对呢？	小猪在生活中遇到了困难，如果幼儿在生活中遇到困难应该怎么办？小猪想变成别人行吗？
科学领域 1. 喜欢接触新事物，经常问一些与新事物有关的问题；2. 常常动手动脑探索物体和材料，并乐在其中；3. 会用数词描述事物的排列顺序和位置。	1. 有好奇心，能发现周围环境中有趣的事情；2. 喜欢观察、动手操作和实验，积极寻求答案；3. 初步理解事物的数量关系，能用比较、分类、测量等简单方法探究事物；4. 愿意与同伴共同探究、互相交流、分享各自的发现。	小猪踩的弹簧为什么能跳那么高？森林里为什么有那么多动物？	开展与弹簧有关的系列科学探究活动。让幼儿观察图画书中各种动物的体态、外貌。
艺术领域 1. 经常唱唱跳跳，愿意参加歌唱、律动、舞蹈、表演等活动；2. 经常用绘画、捏泥、手工制作等多种方式表现自己的所见所想；3. 能用拍手踏脚等身体动作或可敲击的物品敲打节拍和基本节奏。	1. 能初步感受环境、生活和艺术中的美；2. 喜欢艺术活动，能用自己喜欢的方式大胆地表现；3. 乐于与同伴一起娱乐、表演、创作。	当幼儿阅读时，会轻轻哼唱小猪噜噜的歌，不仅哼着歌还做着小猪的动作。	开展与图书内容相关的绘画、手工活动。 开展与图书内容相关的歌唱、韵律、打击乐活动。

（本案例由兰州城市学院幼儿园王婷老师提供）

二、分析图画书中蕴含的教学内容

选择高质量图画书并构建为幼儿园早期阅读教育的主要资源，是每一位教师开展早期阅读教育工作的重要内容。[①]以图画书为素材开展幼儿园主题活动则更需要精心遴选图画书。因为主题活动要持续一个月，这就要求图画书内容要丰富，能够涵盖五大领域的内容，也就是说图画书的内容中要有语言、社会、科学、艺术等方面的内容。在研究的初期，教师为幼儿遴选图画书时站在功利的角度，仅考虑到图画书内容的教育价值，选择了《亲爱的小鱼》《爱心树》等图画书作为班级用书的阅读材料，在师生阅读过程中发现这类图画书作为一次阅读教学活动幼儿是感兴趣的，如果在班级开展持续一段时间的阅读，幼儿的阅读兴趣会明显减弱。究其原因，一是未考虑图画书作为班级教学用书的特点，二是未考虑幼儿阅读图画书的特点。作为主题教学活动的教学用书则是班级全体幼儿与教师共同参与的、持续一段时间的活动，它不同于家长与幼儿之间的亲子共读，不同于教师开展的一次阅读教学活动，为保证主题教学活动开展的有效性，要从幼儿阅读图画书的特点和图画书的内容两个方面遴选图画书。

（一）要了解幼儿阅读图画书的特点

沃森（Watson，1981）以575名年龄为2～16岁的被试者来研究儿童对图画的偏爱，研究发现，明亮的、不透明的颜色很受小年龄班幼儿的欢迎，写实的画受所有年龄儿童的欢迎。[②]有较多角色、有丰富情节的图画书受幼儿喜欢，如《小猪变形计》《不得了的野餐》《100只猫跑马拉松》等。

①李季湄，冯晓霞.《3-6岁儿童学习与发展指南》解读[M].北京：人民教育出版社，2013：86.

②康长运.幼儿图画故事书阅读过程研究[M].北京：教育科学出版社，2007：5.

《小猪变形记》封面

《不得了的野餐》封面

《11只猫跑马拉松》封面

(二)图画书内容要与幼儿生活情境相关联

这些图画书不仅与幼儿的生活情境密切相关,也与幼儿园的教育目标相一致,将这些图画书作为幼儿园主题教学活动的内容最适合不过了。如《我爱幼儿园》,对于刚刚离开父母怀抱,怀着忐忑不安的心情步入集体生活的小班幼儿来说,是最能缓解他们入园焦虑的读物,通过一个月的主题活动开展,幼儿逐渐能够适应幼儿园并爱上幼儿园。而《小阿力的大学校》与大班幼儿即将步入小学的生活情境相似,其情节与人物都较符合幼儿的心理特征,颇受幼儿喜欢,同样在幼儿喜欢的基础上,开展为期一个月的主题教学活动,将图画书中幼小衔接的内容自然渗透到教学活动、游戏活动和生活活动中,自然而然地解决了幼小衔接的问题。

《我爱幼儿园》封面

《小阿力的大学校》封面

(三)图画书中的语言与情节要充满爱意

儿童教育的最高法则就是要让幼儿感受到被爱,如果幼儿感受不到被爱,整个世界将会在他面前关闭。①有众多优秀的图画书表达了爱与被爱、亲情与友情等内容,如《猜猜我有多爱你》《逃家小兔》等。图画书不仅要富有爱意,还应富有审美意义,图画书内容的艺术性和图画表达的独特性要结合起来,让幼儿在富有节奏与韵律美感的作品中感受图画书的艺术美。例如图画书《彩虹色的花》,画面色彩鲜艳、节奏明快、笔触粗犷,体现一种基于幼儿出发的稚拙美。

《逃家小兔》封面

《彩虹色的花》封面

① 朱自强.幼儿文学:学前教育的珍贵资源[J].学前教育研究,2010(1).

(四)分析图画书蕴含的五大领域内容

认真阅读图画书,解读图画书中蕴含的五大领域的教学内容是基于图画书开展幼儿园主题教学活动的关键。首先教师要了解幼儿的年龄特点,阅读的特点;其次教师要结合《指南》中不同领域提出的具体要求设计主题教学活动;最后教师要结合自己的知识储备、已有阅读图画书的经验和自身的经历对选好的图画书深入剖析,形成以图画书为载体的主题教学活动各领域的活动名称和活动内容。下面以《好大好大的一颗蛋》为例进行说明:

1. 语言领域内容分析

(1)《指南》语言领域小班目标

①别人对自己说话时能注意听并做出回应。

②愿意表达自己的需要和想法,必要时能配以手势动作。

③能口齿清楚地说儿歌、童谣或复述简短的故事。

④会看画面,能根据画面说出图中有什么,发生了什么事等。

⑤能理解图书上的文字是和画面对应的,是用来表达画面意义的。

(2)语言领域教学内容的确定

根据《指南》提出的语言领域小班目标,教师结合图画书《好大好大的一颗蛋》设计了四节语言教学活动,遵循目标由易到难,活动层层递进,从猜测到验证,从扩充词汇到幼儿自己表达的原则,设计了"猜猜我是谁""出来了""好大好大的一颗蛋""可爱的小动物"四节教学活动。第一节教学活动设计引导幼儿猜测图画书中可能会出现的动物,对图画书产生兴趣,鼓励幼儿自由表达;第二节教学活动设计以扩充幼儿词汇量为主要目标,词分为实词和虚词两大类,教学活动的目标是扩充幼儿的实词词汇量,以叠词、形容词、量词为主;第三节教学活动设计主要引导幼儿学说多词句和复合句,让幼儿在理解词义的基础上正确运用已积累的词汇,表述图画书中所呈现的内容以及内心的感受与想法;第四节教学活动设计根据幼儿语法发展的特点,主要发展幼儿从无修饰句到修饰句的表达能力。这四节教学活动都将以游戏的形式开展,兼有教学活动和游戏的双重性质,具有教学和游戏统一的特点。

2. 社会领域内容分析

(1)《指南》社会领域小班目标

①愿意与人交往,愿意和小朋友一起游戏。

②不争抢、不独霸玩具,与同伴发生冲突时,能听从成人的劝解。

③能感受到家庭生活的温暖,爱父母,亲近与信赖长辈。

④知道动物是人类的好朋友,要爱护动物,善待动物。

⑤拥有保护自己的意识和最基本的安全技能。

(2)社会领域教学内容的确定

根据《指南》目标提示,结合图画书《好大好大的一颗蛋》设计了四节社会领域教学活动。首先依据图画书情节,小动物们破壳而出以及毛毛虫的蜕变过程,让幼儿感受母亲孕育生命的伟大,激发幼儿以尊重关心的态度对待自己的父母和长辈,从而设计了第一节社会领域教学活动"妈妈的爱";其次依据图画书页面内容的设计,多个蛋的同种小动物同时破壳而出,它们的表情喜悦,共同成长相互陪伴,就像自己身边的好朋友一样,激发幼儿喜欢并能适应群体生活,喜欢与小朋友相处,友好建立同伴关系,因此设计了第二节社会领域教学活动"好朋友";再依据图画书内容,无论页面呈现、故事内容、画面分析等都以小动物为主体,而小动物之间的爱是贴近于幼儿的另一种认知爱、表现爱的方式,也是幼儿感受生命奇迹的另一渠道,引导幼儿知道动物是人类的好朋友,要爱护小动物,因此设计了第三节社会领域教学活动"我爱小动物";最后依据图画书核心内容尊重生命的主线,让幼儿在感受生命美好的基础上要爱惜生命,保护自己,让幼儿了解掌握基本的安全技能,设计了第四节社会领域教学活动"我走丢了"。

3. 科学领域科学内容分析

(1)《指南》科学领域科学探究小班目标

①对感兴趣的事物能仔细观察,发现其明显特征。

②能用多种感官或动作去探索物体,关注动作所产生的结果。

③能感知和发现物体和材料的软硬、光滑和粗糙等特性。

④认识常见的动植物,能注意并发现周围的动植物是多种多样的。

⑤初步了解和体会动植物和人们生活的关系。

(2)科学领域科学探究内容的确定

根据《指南》目标提示,设计了四节科学领域活动“毛毛虫长大了”“动物的尾巴”“小手摸一摸”“会动的身体”。根据图画书中毛毛虫的蜕变过程,以及动物的特征特性,引导幼儿深入地探究生命演变过程,发展初步的探究能力,设计了第一节和第二节科学领域教学活动。以图画书中出现的各种各样蛋的不同特征为线索,引导幼儿用各种感官去探索材料的软硬、光滑、粗糙等特性,设计了第三节教学活动。幼儿通过了解动物的身体结构以及作用,从而探索自身,了解自己的身体部位,设计了第四节教学活动。

4. 科学领域数学内容分析

(1)《指南》科学领域数学认知小班目标

①能感知和区分物体的大小、多少、高矮、长短等量方面的特点,并能用相应的词表示。

②能通过一一对应的方法比较两组物体的多少。

③能感知物体基本的空间位置与方位,理解上下、前后、里外等方位词。

(2)科学领域数学认知内容的确定

根据《指南》所提出的目标,结合图画书《好大好大的一颗蛋》设计了四节数学认知教学活动。图画书中蛋的大小、动物的大小均有所不同,在鼓励观察图画书图片的基础上,引导幼儿在一对一配对的过程中发现两组物体的多少、大小,通过数数比较两样东西的多少、大小,设计了第一节教学活动“多与少”和第二节教学活动“大与小”。通过对图画书中蛋宝宝方位的观察,小动物的破壳而出(谁在谁的外面,谁在谁的里面),丰富幼儿空间方位识别的经验,因此设计了第三节教学活动“里与外”和第四节教学活动“上与下”。

5. 艺术领域(美术)内容分析

(1)《指南》艺术领域小班美术目标

①能用简单的线条和色彩大体画出自己想画的人或事物。

②经常涂涂画画、粘粘贴贴并乐在其中。

③自主表达创造,敢于创造,感受美术活动的乐趣。

(2)艺术领域教学内容的确定

根据《指南》目标,结合图画书《好大好大的一颗蛋》设计了四节艺术领域美术教学活动"彩色的蛋""五颜六色的毛毛虫""线条画""小手真能干",不仅有绘画活动还有手工活动,为幼儿感受美、表现美和创造美播下了一颗美的种子。

(五)形成图画书语义网

开展主题教学活动之前,教师首先要尝试分析故事的语义网。以《好饿的毛毛虫》为例,围绕毛毛虫故事发生和发展的过程,可以看到这本图画书拥有一个三个层次且相互之间有联系的语义网:第一层是有关食物名称的词汇,从第一天起,毛毛虫不断地吃各种水果,它吃了苹果、梨子、李子、草莓和橘子,"可是,肚子还是好饿",于是到了星期六的时候,它就吃了一大堆东西,其中包括许多孩子喜欢吃的巧克力、蛋糕、冰淇淋甜筒、火腿、樱桃派等等;第二层是故事中出现的表示星期一到星期天的序数词,以及隐藏在画面里的从1到许多的数词;第三层语义网,是作者通过鲜艳的画面呈现的颜色概念词汇,红的苹果、绿的梨子、紫色的李子和橙色的橘子,还有许多食物有着不同的颜色。理解图画书中的语义网,不是为了让幼儿记住背会这些词汇,关键是教师要了解这些词汇之间的关系,在这样的基础上,教师就可以以本书为主题,围绕核心思想和内容设计五大领域的教学活动,并有效指导幼儿进行阅读,创造性地进行语言运用。

结合《指南》《纲要》的具体要求、幼儿的兴趣需要,教师要根据以上内容选取图画书,并根据自己对图画书内容的理解、分析和讨论,形成主题教学活动目标和五大领域的教学活动内容。下面以《小猪变形记》来说明。(见表5-2)

表5-2 中班《小猪变形记》主题教学活动目标与教学内容

<table>
<tr><th colspan="5">《小猪变形记》主题教学活动目标与教学内容</th></tr>
<tr><td colspan="5">1.模仿小动物,利用多种器械发展身体的力量和耐力。
2.能边看书边讲述画面的主要内容,理解主要情节之间的因果关系,并能大胆设想画面以外的有关内容。
3.知道自己的一些优点和长处,并积极参加幼儿园的各项活动,乐意与他人共同完成任务,有初步的责任感和自信心。
4.经常用绘画、捏泥、手工制作等多种方式表现自己的所见所想。
5.能感知和发现动物的生长变化及其基本条件。</td></tr>
<tr><th rowspan="2">项 目</th><th colspan="4">时 间</th></tr>
<tr><th>第一周</th><th>第二周</th><th>第三周</th><th>第四周</th></tr>
<tr><td>周主题名称</td><td>"小猪的烦恼"</td><td>"小猪的快乐"</td><td>"做自己,最快乐"</td><td>(生成活动)</td></tr>
<tr><td>教学内容</td><td>健康:"嘟嘟拿筷子"
语言:"小猪嘟嘟"
社会:"妈妈的节日"
科学:"我认识的小动物"
艺术:"不一样的小猪"</td><td>健康:"我们一起来锻炼"
语言:"猜猜看"
社会:"不一样的我"
科学:"小猪滑滑梯"
艺术:"小猪年画"</td><td>健康:"身体棒棒的"
语言:"小猪变形记"
社会:"夸夸我自己"
科学:"数数看"
艺术:"小猪噜噜"</td><td></td></tr>
</table>

(此方案由兰州城市学院实验幼儿园王婷老师提供)

三、设计主题教学活动的方案

阅读为什么有趣？幼儿为什么喜欢听故事？就是因为他可以不断地去猜测这个故事下一步会怎么发展。让幼儿在图画书班级阅读中兴趣盎然、善于思考、敢于表达的前提是教师要结合图画书内容设计阅读方案。[①]因此，教师们可从不同角度提炼和突出不同的教育主题，充分挖掘其丰富的教育价值，开展有效的图画书教学，让幼儿更充分地获得其中的精神营养，促进幼儿和谐健康成长。[②]

教师对图画书的理解程度直接影响到对幼儿图画书阅读的指导，只有教师深刻体会图画书的内涵，才能制定出合理的教育目标，才能设计出流畅的阅读方案，才能在指导幼儿阅读时启发和引导幼儿思考、想象与表达。首先，教师要拟定活动方案，它包括缘起、图画书简介、教育目标、活动过程、教学反思五部分；其次，教师要在认真阅读图画书、深入分析图画书内容的基础上，找出适合的图画书教育主题，再结合不同年龄班幼儿阅读的特点，有针对性地向五大领域延伸设计活动方案；第三，在方案实施过程中，要鼓励幼儿从图画书的封皮、扉页、环衬、内文和封底有序阅读；第四，在指导阅读过程中，着重引导幼儿通过阅读图画与教师探讨对图画书内容的理解，鼓励幼儿表达阅读后的感受、心情，并就感兴趣的话题与全班幼儿共同讨论，再通过五大领域教学活动的有机结合，让幼儿进一步理解图画书内容；最后，在图画书教育活动的基础上，开展系列阅读延伸活动，如图画书制作、图画书表演、图画书讲述等。现分享案例如下。

①王丽娟，李兰芳．论班级图画书阅读的有效实施[J]．儿童与健康，2014(2):10.

②刘江艳．幼儿园绘本教学的价值与实施策略[J]．学前教育研究，2015.(7):71.

爱就在身边

实施班级:中一班　实施日期:2015年9月　　资料整理:殷冬彦

一、缘起

“爱”是与生俱来的情感,却是难以形容与表达的。如何让幼儿懂得爱,用自己的方式表达爱,是一个困扰我们的难题。《猜猜我有多爱你》这本图画书以画面与对话结合的形式讲述了一只小栗色兔子和一只大栗色兔子用自己的方式表达彼此间的爱。这是一本温馨的、处处洋溢着爱的气氛的作品。因此,本学期我班选择了《猜猜我有多爱你》进行主题教学活动,希望透过阅读向更多的幼儿传递爱,让他们感受爱,并勇敢地表达爱。

二、图画书简介(略)

三、教学目标

1. 幼儿能愉快地进行阅读。

2. 欣赏故事,感受故事中浓浓的爱意及爱的不同表达方式。

3. 理解爱要勇敢说出来,引导幼儿用语言或肢体动作来表达爱。

4. 初步尝试用“……有多……,我就有多爱你”的句型进行仿编。

四、活动流程

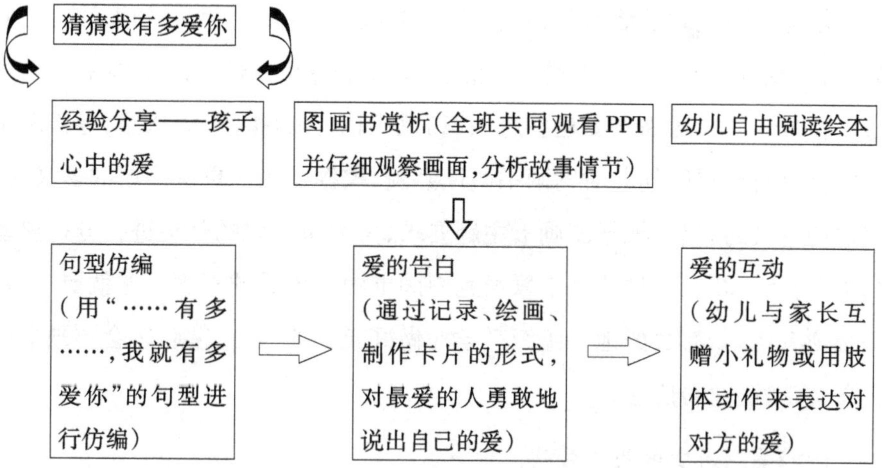

五、活动反思

1. 词语句型的熟悉与运用。在图画书中常出现的字、词、句型,透过反复的导读,幼儿确实能认其字、知其义。例如大、小、远、近,除了知道单一字的意思,也能了解两者间的相反性,同时还可运用于句型仿编中。例如:地球有多大，我就有多爱你。我爱你，一直到太空那么远。这些经验都是由书中感悟出来，熟悉后再广为运用。

2. 想象与创造能力的表现。以《猜猜我有多爱你》为主题设计的所有阅读活动，都以提升幼儿的阅读能力为目的。通过阅读，幼儿从关注生活中的人、事、物逐渐迁移到更广更宽的层面。

3. 大胆表达自己的感受。幼儿通过阅读学会了爱的表达方式，他们会主动对爸爸妈妈说“我爱你”，会用动作大胆表达对爸爸妈妈的爱，希望透过阅读《猜猜我有多爱你》这本书，既能享受阅读乐趣，还能在爱的环境中健康成长，懂得感谢与感恩。

四、主题教学活动实施的策略

基于图画书开展主题教育活动时，研究者要在对图画书图文进行深入分析的基础上，根据图画书主旨思想挖掘其蕴含的亮点，紧紧围绕主题设计出向五大领域渗透的教学活动，接下来最重要的工作就是实施了。有组织、有计划地实施是一切活动的根本，须注意以下实施策略：

（一）挖掘图画书蕴含亮点

教师在实施教学活动前，应遵循并建立新的教育理念，一切以幼儿发展为本，为幼儿创设放松、愉悦、和谐的环境，让幼儿在轻松的氛围中主动学习。教师还应在对高宽课程理念认识的基础上，以《指南》为依据，分析图画书内容，结合教师、幼儿对图画书阅读经验，挖掘图画书更深一层的含义，按照建构主义的思想，根据图画书主题要求，努力将获取的资料进行分析整理和整合，让幼儿在各种活动中领悟到图画书中所传递的真理。这就要求，教师必须有计划、有目的地在组织教学前做好充分的准备，彻底领会图画书的含义，传递正确的信息。

（二）采取适宜的教学方法

在图画书教学中，教师可以引导幼儿观察图画书画面，比较前后情节变化，通过语言的形式提高幼儿的观察能力，在促进幼儿语言发展的同时抓住一些关键性情节，深入挖掘其教育意义和价值，开展向其他领域或向生活活动、游戏活动、户外活动延伸的多种形式的活动操作，以更好地加深幼儿对图画书的理解和兴趣，在课程的整体建构上，也能更好地做到横向与纵向的相互联系。

(三)采取有效合理的提问机制

教学过程中提问是很重要的一个环节。提问首先要讲究有效性。什么样的问题是有效提问呢？当然是根据幼儿的年龄特点，采用不同形式的、不同层次的问题。如：有的教师在活动中，只会不停地问幼儿"对不对""好不好""是不是"这一类的封闭性是非问题，这类问题对幼儿的发展是无意义的，因为答案只会有一种。而有的教师想突破这种封闭的模式，一直对低年龄段的或者能力发展一般的幼儿全部采用开放式的问题提问，如"它们在干什么？为什么？""为什么小动物要这样想或这样做呢？"这一类的问题，看似能够很好地启发幼儿的思维，促进他们积极动脑思考，可是幼儿的思考能力未达到这个层面，这些开放性问题无疑也不利于幼儿的思维发展。因此，研究者认为，问题的创设一定要符合不同年龄段幼儿的思维特点，还要做好封闭性问题与开放性问题的相互结合，再根据图画书内容，根据故事和人物发展线索提问，层层递进，深入推理，如此幼儿的思维和解决问题的能力一定会得到提升。

(四)注意活动后的及时反思

美国著名心理学家波斯纳在1989年曾提出教师成长的公式：成长=经验+反思。①教师写一辈子教案成不了名师；但如果教师坚持写三年反思则有可能成为名师。反思，是教师专业能力提高的关键，也是促进以图画书为素材开展幼儿园教学活动质量提升的关键。教师在指导幼儿阅读图画书的过程中从预设目标到根据幼儿的需要不断生成和调整日标、从关注设计本身到关注幼儿的感受、从反思教学过程到反思教育的本质等，一名善于及时

①陈妍，姜勇，汪寒鹭."反思"对幼儿教师专业成长作用的个案研究[J].学前教育研究，2010(2).

反思的教师会始终将幼儿的需求、幼儿的感受、幼儿的发现、幼儿的发展放在第一位，这样既符合幼儿园开展图画书阅读的基本理念，也充分体现了《幼儿园教师专业标准》中以幼儿为本的教育理念。

五、基于图画书开展幼儿园主题活动的案例与反思——以《母鸡萝丝去散步》为例

（一）《母鸡萝丝去散步》之读本分析

1. 透过《母鸡萝丝去散步》读出画面背后的追逐故事

表5-3 《母鸡萝丝去散步》作品简介

书　名	母鸡萝丝去散步	作　者	佩特·哈群斯
绘图者	佩特·哈群斯	翻译者	上谊出版部
出版日期	2008年12月	出版社	明天出版社

《母鸡萝丝去散步》以其独特的画风、简洁的语言、富有创意的构思和巧妙的双线叙事线索，为幼儿展示了一个奇丽而有趣的冒险故事：农场里的一只叫作萝丝的母鸡出门散步，她走过院子，绕过池塘，越过篱笆，钻过蜂房，大摇大摆，得意扬扬，悠闲自得地在农场里散步。而画面中，一只狡猾的狐狸，正虎视眈眈、悄无声息地尾随其后。它试图接近母鸡萝丝，在一次次纵身而跃时，不是被钉耙打，被面粉埋，就是掉进了池塘，陷入了干草堆，最后在一群愤怒的蜜蜂追赶下，夹着尾巴狼狈逃走了。

这绝对是一本让幼儿笑得前仰后合的图画书。这是一个追逐的故事(尽管被追逐的对象不知道身后有一只饥肠辘辘的狐狸)，是一个在走动中完成的故事，带领我们跟随萝丝女士在乡间小道上完成了一次死里逃生的散步。一切都是在散步中发生的奇妙感觉，萝丝和狐狸一前一后处于同一个画面，还增加了一种可笑的对比。一个迈着碎步神闲气定，一个张牙舞爪却又总是丑态百出，喜剧效果一下子就出来了。

2. 解读图画书

太阳的暖光照耀着一派生机勃勃的农林，动物们正在各自进行着自己的活动，远处树上觅食的小松鼠，在稻田里守望的小羊，在花丛中嬉戏的小兔子，当然，少不了主人公母鸡萝丝。在长满了红果子的树下，母鸡萝丝还在她的家里呢。多么美好的天气，真该去做点什么！看到这里，你千万别以为叙述的是故事的情节，这只是版权页上的一幅图画，同时也让你和幼儿从中寻找出故事的开头。

故事正式开始了，“母鸡萝丝出门去散步”。文字仅仅一句，而图画中却蕴含着许多内容，画面上的母鸡逍遥从容地走在大路上，浑然不觉身后的危险——一只心怀不轨的狐狸，正悄声无息地尾随着她。如果把文字掩住，可以给幼儿讲述的内容包括狐狸的藏身之所：萝丝的屋底下、路上的房子、茂密的树木等等。

母鸡萝丝继续向前走去，“她走过院子”，“绕过池塘”，“越过干草堆”，“经过磨坊”，“穿过篱笆”，“钻过蜜蜂房”，到最后，她“按时回到家吃晚饭”。这本《母鸡萝丝去散步》实际上包括了两个故事，一个是用文字讲的萝丝散步的平淡无奇的故事，还有一个是用图画讲的狐狸追逐猎物时跌宕起伏的故事。《母鸡萝丝去散步》叙述的重点是隐藏在文字背后的事实，这是一本纯粹用图画来讲故事的成功范例。一个真正吃透了幼儿心理的人，他把这个无声的故事变成了一个让读者笑声不断的故事，他甚至还给孩子们设计好了笑的时间，一共有七次！不信你看，当钉耙砸扁狐狸的鼻子时，你会笑！当狐狸一头栽进池塘里时，你会笑！当狐狸扎进干草堆里时，你会笑！当狐狸被面粉埋住时，你会笑！当狐狸摔到手推车里时，你会笑！当手推车载着狐狸撞翻蜂箱、狐狸被蜜蜂追得抱头鼠窜时，你更会笑了，而且一笑就是两次！

母鸡每经过一处，每欲出手的狐狸都会糟一次殃：掉进池塘的狐狸、扎进干草堆里的狐狸、自以为身手敏捷却跳进了推车里的狐狸、被蜜蜂追逐着叮咬的狐狸……他那狼狈的眼神和被捉弄得一塌糊涂的场面使人忍俊不禁；而对比母鸡萝丝的悠闲自若，更是让人为之捧腹大笑，这只对自己处境一无所知的母鸡，丝毫没料到危险在不知不觉中化解了。

3. 幼儿对读本的理解

每一名幼儿都是读图画的天才，只要故事在图画中表现出来，幼儿的眼睛就会发现它们，就能读出令人意想不到的意思。图画书的图画语言为幼儿呈现了一个充满生机、奇妙无比的世界。幼儿阅读图画书的活动，实际上是他们以稚嫩但充盈的心灵与美妙而神奇的图画故事进行碰撞与交流的复杂过程。每一个幼儿都有着巨大的潜能进入图画书的世界，每一个幼儿都能成为成功的图画书阅读者和欣赏者。

幼儿在阅读图画书《母鸡萝丝去散步》时，充分地展现了一个个成功的图画书阅读者。教师一直都为母鸡萝丝担忧，生怕它会被狐狸吃掉；而幼儿看图画书时却哈哈大笑。和他们阅读完图画书《母鸡萝丝去散步》后，幼儿萌生了很多想法，并大胆提出了问题，如：

李钊：农场里有那么多的动物，为什么狐狸不追别的动物，只追鸡妈妈？

马铭良：狐狸还会来抓母鸡吗？

杨越：母鸡是故意放的这些东西吗？

闫俊嘉：为什么狐狸是橘色的？

李书同：为什么狐狸一直在追母鸡却没追上？

王灏睿：为什么鸡要放那么多的东西不让狐狸追上她？

马玉婷：为什么狐狸要吃鸡？

侯佳琪：为什么狐狸的身上有那么多小三角形和小短线？

张如冰：为什么书上好多的东西都是黄色的？

(二)《母鸡萝丝去散步》之内容剖析

1. 图画书中所蕴含的五大领域的内容分析

(1)在语言领域中，鼓励幼儿在观察画面的基础上大胆表述自己对故事内容和情节发展的理解，再推测出故事的后续发展，使幼儿自主参与活动，可以做情景表演、再创编或续编故事情节。虽然该故事情节简单，仅用很少的文字介绍了母鸡所经过的地方，但是画面精美，能让幼儿展开想象，有助于丰富幼儿的语言，开拓幼儿的思维。

(2)艺术领域的音乐活动中，用乐曲与《母鸡萝丝去散步》相结合，将幼儿带到音乐中去经历、感受、体会母鸡萝丝去散步的一系列搞笑画面，在感受音乐的过程中加深对故事的理解，在理解故事的同时感受音乐。每个故事场景中的音响描写都十分生动，还可以为幼儿提供用乐器探索表现各种音响的机会。虽说故事中只有母鸡萝丝和狐狸这两个角色，但是班中的幼儿个个都可以模拟故事场景中的声音，人人都可以有配音任务，都需为成功表演而合作。

在艺术领域的美术活动中，通过欣赏、发现、再欣赏、创作的过程，引导幼儿了解图画书中装饰图案的排列规律，感受有规律排列装饰带来的美感，尝试用简单的、有规律的线条进行装饰。

(3)在健康领域中，充分运用图画书中提及的走、越、绕、钻、穿等动词设计健康活动，循序渐进发展幼儿的动作协调性。

(4)在科学领域的科学探究活动中，通过对图画书中图画的对比与观察，发现其相同与不同，提高幼儿的观察能力，通过对母鸡和狐狸动态与神态的欣赏，使幼儿对动物产生兴趣。

在科学领域的数学活动中，引导幼儿感受图画书中各种图画的形状特征，并尝试识别和描述。通过了解各种图形的特征，鼓励和支持幼儿用积木、纸盒、拼板等各种形状材料进行建构游戏或制作活动。

(5)社会领域往往融合在各领域的活动中，并渗透于幼儿一日生活的各个环节。在主题活动中，通过对母鸡和狐狸动态与神态的表演活动，使幼儿更多地关注角色的“喜怒哀乐”，让幼儿去体会图画书中两位主人公的情绪情感，情绪随主人公的喜怒哀乐而波动，继而能从自身出发去考虑别人的感受，关心他人。

2. 与幼儿探讨感兴趣的内容

(1)与幼儿讨论图画书的情节

当王灏睿小朋友提出问题“为什么鸡要放那么多的东西不让狐狸追上她?”时，其他幼儿马上做出回答“因为狐狸追上了就会吃掉母鸡”。她不会不知道这个问题的，她还想说什么？或者会有不一样的想法！教师就又追问：“你觉得狐狸追母鸡要干什么呢?”王灏睿说：“我觉得狐狸要和母鸡一起去散步。”

4～5岁的幼儿活泼、好动，富有想象力，难以分清假想和现实，他们常常会把看到的内容融入自己的想象，就如王灏睿小朋友想到狐狸要和母鸡一起散步，而不是吃她。或许她就是把自己当作这只无可奈何的狐狸，一直想追上去和母鸡一同散步，而母鸡却“制造”了那么多的障碍阻止了他。幼儿根据自己的经验进行了想象，推测狐狸和母鸡的结果，并表达了自己的意见、想法，主动地参与了活动。

(2)与幼儿讨论图画书的图像

线条与色块的排列与组合是这本图画书中最出彩的部分，也是该图画书最适合幼儿欣赏与学习的部分。线和面是造型的基本元素，它们构成了幼儿理解图画书的基本元素。图画书《母鸡萝丝去散步》展现了图形和线条排列美丽的装饰效果。

①单一元素的排列

如农场中建筑的屋顶和墙壁、柳树的树叶、青蛙身上的圆形花纹等。

墙壁上砖头的排列

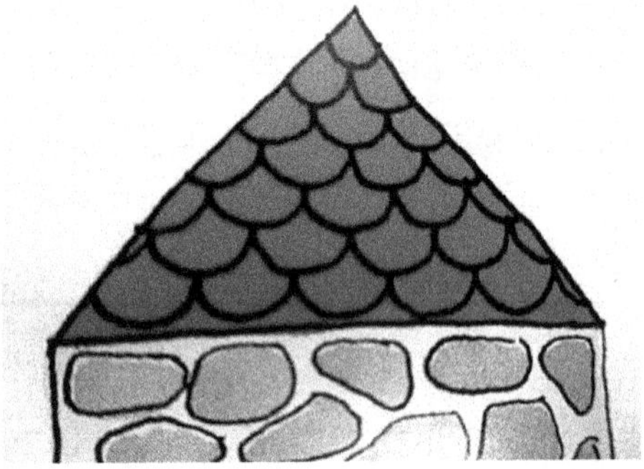

屋顶上瓦片的排列

农场建筑的图片

②不同元素的交替排列

主要表现为图形与线条的排列、颜色的排列和图形组合的排列。图形和线条的排列如狐狸、梨树。狐狸身上黑色三角形和简单的线条的交替排列形成了有规律的花纹，当这些花纹重复地交替出现时，就如同华丽的刺绣，展现了浓烈的装饰画效果。

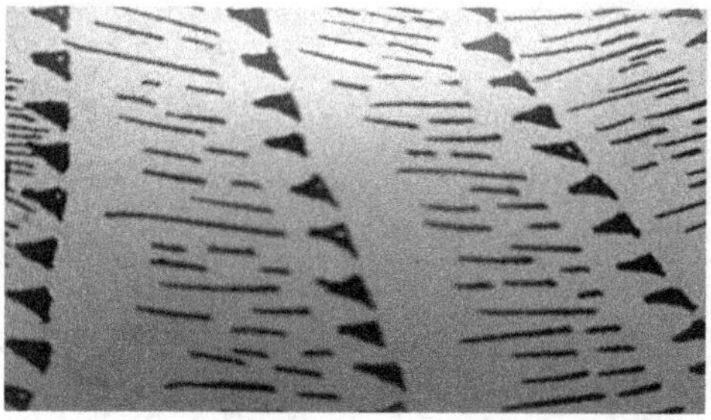

狐狸身上的花纹

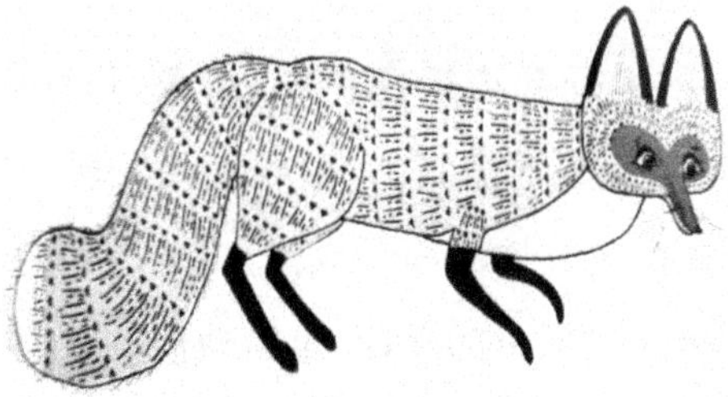

狐狸造型

颜色的交替排列也运用到了，橘黄和黄色的交替出现，仿佛是一块金色的花玻璃在阳光照耀下熠熠生辉。

母鸡尾巴上的花纹

母鸡造型

图形组合排列的学习对于幼儿来说有难度，图画书中随处可以找到图形排列组合，如随处可见的苹果树，树叶和枝条组合成的树枝和苹果交替出现，整齐又富有生机；而花的叶子，斜线组合与空白部分的交替则默默地展现着它低调的美丽。

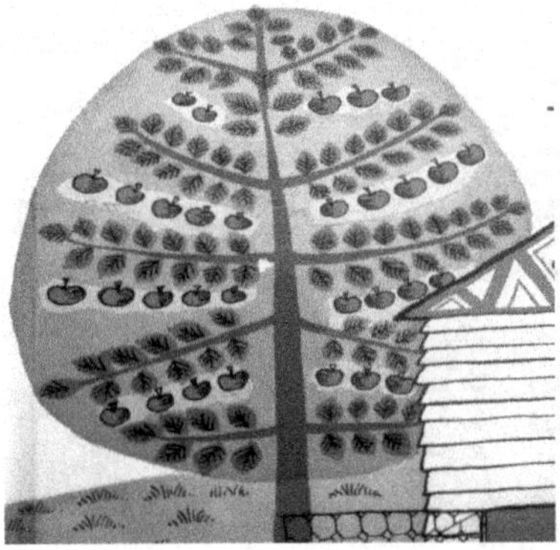

苹果树

花的叶子

《指南》指出，4～5岁幼儿要运用色彩、线条、形状等大胆进行美术表现。通过活动中有目的地观赏图画书，引导幼儿发现和运用颜色深浅的有序排列，使其初步掌握配色装饰的简单规律，由此产生初步的色彩感。在调换颜色中，初步培养对间隔颜色的兴趣，丰富他们的感性经验。再让幼儿尝试运用上下、左右颜色或者图案的对称进行装饰。运用颜色和图案的间隔，表现多种有规律排列的方法。

(3)与幼儿共同感受图画书之内容

透过音乐活动感受两个角色的不同特点与形象。引导幼儿跟着音乐用肢体动作分别表现母鸡散步时神闲气定的心情与趾高气扬的步态，以及狐狸跟随其后的偷偷摸摸和眼睛紧盯母鸡的样子，狐狸的窃喜和沮丧、狡猾与无奈，通过表演，引导幼儿借助动作、表情、语言等外显行为，将静态的观察理解与动态体验表达结合起来，将幼儿带到音乐中去经历、感觉、体会，从而更好地走进角色心理，让幼儿抓住角色特点展开想象，在理解故事的同时感受音乐，在感受音乐的过程中加深对故事的理解，特别是音乐中特定的感情色彩。

透过对母鸡和狐狸动态与神态的表演活动使他们更多关注角色的“喜

怒哀乐”,让幼儿去体会图画书中两位主人公的情绪情感,体会其中的高尚、快乐、悲伤,欣赏图画书中的幽默、滑稽,如狐狸被钉耙打倒、狐狸跳进池塘等等。透过绘画活动让他们感受、欣赏色彩与线条排列的组合美(狐狸身体上的图案与母鸡身体上的花纹有序排列),不仅能感受美、欣赏美、表现美,更能娱乐身心,产生积极的情绪体验。

图画书不仅让幼儿学会阅读,更让幼儿学会观察、想象、推理;不仅体现语言的价值,更是美术的欣赏;不仅是对画面的认知,更引发幼儿情感的共鸣、呼应,激发内心真实的情感体验,使幼儿凭借自己对图画书的理解,对事物的认识以及生活体验和想象,做出种种猜想推测。在这里,幼儿的推理也许与故事不谋而合,也许相差悬殊,但结果并不重要,重要的是要学会如何去发现,去思考,去表达。更可以让幼儿在同一图画书中,根据自身的体验解读出不同的图意,使幼儿充分享受阅读的乐趣。

(三)《母鸡萝丝去散步》之主题网络图

1. 以图画书为素材开展幼儿园教育活动的途径

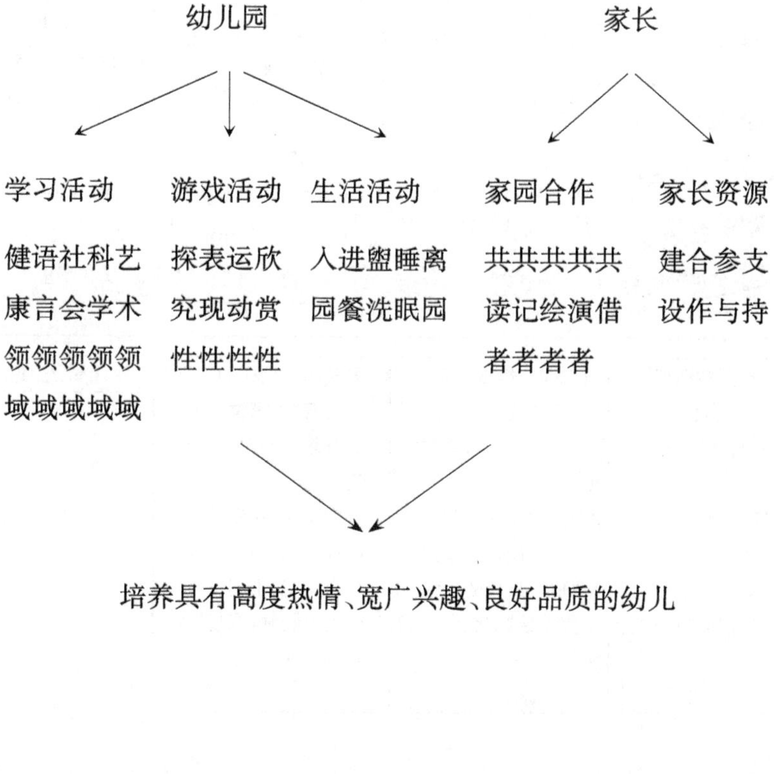

2. 以图画书为素材开展主题活动之网络图设计

月目标：

1. 掌握正面钻的动作，学习侧面钻的动作。能钻爬过较长的障碍物，完善手脚、手膝爬行动作，灵活地调节速度和方向。
2. 欣赏阅读图画书，鼓励幼儿能根据图画书画面的细节表述自己对故事内容和情节发展的理解，并初步进行故事创编。
3. 通过故事内容，引导幼儿讨论什么样的行为会受大家欢迎，想要得到别人的接纳应该怎样做。
4. 通过对图画书中图画的对比与观察，发现相同与不同。

语言领域

1. “母鸡萝丝”
2. “追”
3. “别样的一天”

艺术领域

美术 音乐

美术：
1. 欣赏“有趣的线条”
2. 绘画“会说话的图形”

音乐：
1. 歌曲“母鸡和狐狸”
2. 律动“母鸡进行曲”

健康领域

1. “金鸡独立”
2. “钻圈乐”
3. “去探险”

科学领域

科学 数学

科学：
1. “图形变变变”
2. “母鸡的生活”
3. “找不同”

社会领域

1. “淡定的母鸡”
2. “倒霉的狐狸”
3. “不是好朋友”

数学：
1. “我们不一样”
2. “在一起”
3. “我在哪里”

第一周：“母鸡和狐狸”
1. 语言“母鸡萝丝”
2. 音乐歌曲“母鸡和狐狸”“追”
3. 数学“我们不一样”
4. 社会“淡定的母鸡”
5. 科学“图形变变变”
6. 美术欣赏“有趣的线条”
7. 健康“金鸡独立”

第二周：“倒霉的狐狸”
1. 语言“追”
2. 音乐律动“母鸡进行曲”
3. 数学“在一起”
4. 社会“倒霉的狐狸”
5. 科学“母鸡的生活”
6. 美术绘画“会说话的图形”

第三周：“别样的一天”
1. 语言“大家说一说”
2. 音乐游戏“萝丝历险记”
3. 数学“我在哪里”
4. 社会“不是好朋友”
5. 科学“找不同”
6. 美术绘画“农场”
7. 健康“去探险”

第四周：生成的活动

(四)《母鸡萝丝去散步》之开展与反思

1. 反思幼儿在不同领域的发展

(1)语言领域

《指南》中明确指出:幼儿的语言学习需要相应的社会经验支持,所以幼儿的问题中出现了“狐狸怎么会追不上母鸡呢?”“为什么鸡要放那么多的东西不让狐狸追上她?”幼儿马上做出了“狐狸一定是在和母鸡做游戏吧,应该一下就追上了”“狐狸追上了就会吃掉母鸡”等回答。结合幼儿的问题和回答,教师发现,幼儿在语言学习一定要结合自身的经验,教师要为幼儿创设交流的空间,让他们对简单的图画书内容展开丰富的想象并积极表达。在教学活动开展过程中,教师尽量鼓励幼儿用完整的语言进行图画信息描述,大胆想象进行故事续编,在区域活动中鼓励幼儿完整表述并支持幼儿针对母鸡和狐狸的不同形象进行角色扮演活动。

(2)社会领域

4～5岁的幼儿活泼、好动,富于想象,难以分清假想和现实,他们常常会把看到的内容融入自己的想象,幼儿根据自己的经验进行了想象,推测狐狸和母鸡的结果,并表达了自己的意见、想法,主动地参与了活动。在活动中通过对母鸡和狐狸动态与神态的表演活动使幼儿关注角色的“喜怒哀乐”,让幼儿去体会图画书中两位主人公的情绪情感,体会其中的高尚与优美、快乐与悲伤,欣赏图画书中的幽默与滑稽,引导幼儿正确看待自己、对待别人,培养适应社会生活的能力。

(3)艺术领域

幼儿阅读读本后说鸡妈妈还有鸡宝宝呢。那么鸡宝宝又是从哪里来的呢? 幼儿的回答是鸡蛋里(可以引出科学领域的胎生和卵生的概念)。那么蛋宝宝又在哪里? 书中并没有出现,幼儿认为可以给鸡妈妈画很多蛋宝宝,于是生成了丰富多样的美术活动。幼儿画出了他们心中的蛋宝宝,有的画面呈现的是在花丛中幸福的蛋宝宝;有的画面呈现的是马上就要出生的鸡宝宝;有的幼儿已经对规律有了简单的了解,所以画面上的蛋宝宝上有规律的花纹。

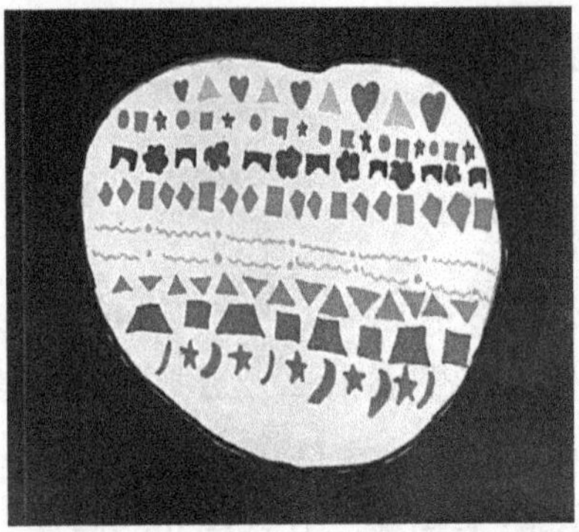

幼儿作品《蛋宝宝》

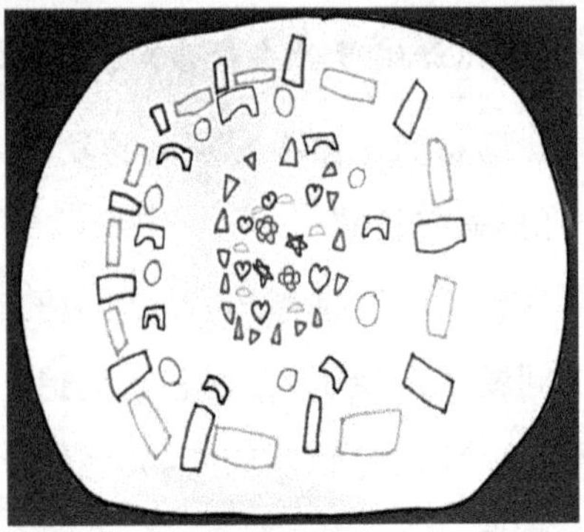

幼儿作品《蛋宝宝》

线条与色块的排列与组合是这本图画书中最出彩的部分，也是该图画书最适合幼儿欣赏与学习的部分。线和面是造型的基本元素，它们构成了孩子理解绘本的基本元素。图画书《母鸡萝丝去散步》为我们展现了图形和线条排列美丽的装饰效果。幼儿尝试合作按照装饰画的画风进行创作。

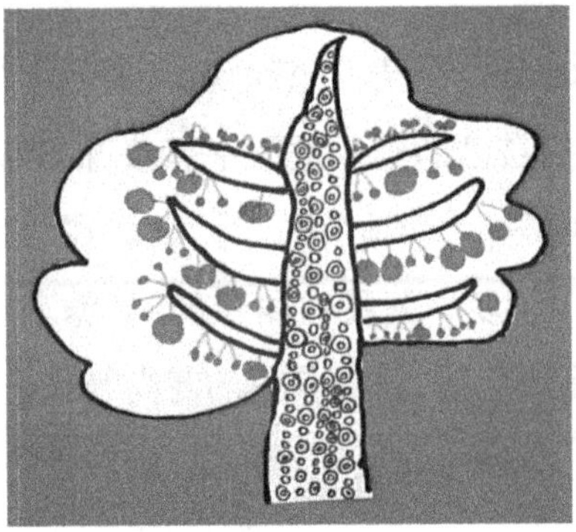

幼儿作品

幼儿作品

(4)科学领域

如前所述，幼儿提出了：鸡蛋呢？鸡蛋哪里去了？带着幼儿的疑问进行了科学领域“鸡蛋宝宝能站起来吗？”“怎么样让它站起来？”“怎样让更多的乒乓球站起来？”等问题的探究。教师借用乒乓球为探究材料引导幼儿进行科学探索活动。在这一过程中，幼儿发现问题、提出问题，最后通过操作解决问题且在区角做以展示。

幼儿操作活动

幼儿操作活动

在数学活动中，幼儿尝试有规律的排序活动，教师为幼儿提供了彩色拉环、瓶盖、小卡片、彩色小积木等多种可操作材料，让幼儿可以按照颜色、形状、大小、高矮等有规律排序，在这个环节当中幼儿不仅感受到了有规律排列的美还掌握了事物之间的规律性。

丰富的五大领域活动开展之后，幼儿的兴趣仍然停留在这本图画书当中，比如："我们可以给母鸡搭个木头房子，这样狐狸就吃不掉它了""我们还可以给母鸡搭个石头房子""还可以给母鸡画好多小鸡，这样鸡妈妈就不会孤单了""母鸡有没有耳朵？""狐狸喜欢吃水果吗？"幼儿如此多的想法和问题不能仅靠教学活动解决，于是教师将幼儿的疑惑迁移到区角活动中继续探究。

2. 反思游戏活动中幼儿的发展

幼儿园的活动区是根据活动内容的类别对空间进行划分的区域。因此，根据四大类型的区域功能，在班级中以主题的形式进行了区角的创设，开设了表现性活动区、探索性活动区、运动性活动区、欣赏性活动区。

(1)表现性活动区

在搭建积木时，幼儿开始搭建快乐农场。有的幼儿说，"我给鸡妈妈搭了一座非常安全的房子"；有的幼儿说，"我给鸡妈妈盖了一间高高的楼房"；有的幼儿说，"我给母鸡妈妈搭了一辆车"；还有的幼儿说，"我们给鸡妈妈搭了一个城堡"。

幼儿作品

幼儿作品

幼儿作品

在美工区，幼儿在基本掌握规律排序的基础上，在形成初步色彩感的基础上，尝试运用颜色和图案的间隔，表现多种有规律排列由浅入深、循序渐进地表现狐狸、母鸡身上黑色三角形和简单线条的交替排列，形成了有规律的花纹。

幼儿作品

幼儿作品

(2)探索性活动区

游戏材料投放和幼儿发展之间存在一种双向关系,也就是说,材料的种类特点能刺激幼儿的行为方式,而幼儿也会根据自己的需要决定对材料的操作方式。因此,在活动区投放了丰富而适宜的游戏材料,让幼儿根据自己的喜好,在快乐轻松的环境中独立自主,不断去发现问题,去操作,去探索,去解决。比如在探索蛋宝宝能否站起来时,为幼儿提供了纸筒、瓶盖、水彩笔、光盘等,让幼儿借助辅助材料帮助蛋宝宝站起来或者让更多的蛋宝宝站得更高。

幼儿探究活动

幼儿探究活动

(3)运动性活动区

中班幼儿在运动的速度、灵活性和稳定性方面已经有了提高,动作协调性增强,多余动作减少,表现在快走、跳跃、攀爬、停步等动作比较自如。根据读本中的走过、绕过、越过、经过、穿过、钻过等这些动词,设计出适合幼儿动作发展的户外健康活动。在活动中幼儿只有不断获得成功的体验,才能产生兴趣,才能积极主动地参与活动。活动开展过程中采取循序渐进的方法,逐渐增加难度,从走过—绕过—越过—经过—穿过,再到钻过,从正面钻到学习侧身钻,再到钻爬过较长的障碍物等一系列的全身性活动,循序渐进发展幼儿的动作协调能力。

幼儿健康活动

(4)欣赏性活动区

教师努力为幼儿创设了温馨、安静的阅读场所,在幼儿园的大厅和二楼走廊、班级当中都投放了大量的图画书,让幼儿有机会随时选择阅读。通过大量的阅读培养幼儿阅读兴趣、阅读习惯和阅读能力。

通过长期的坚持,幼儿逐渐养成了良好的阅读习惯,幼儿每天都会在餐前饭后心情愉悦地去选择自己喜欢的图画书,虽然幼儿不认识字,但是他们理解图画书内容的方式与众不同,如果你仔细去听,他们讲得句句有理,头头是道,而且还经常自说自话自演,当看到他们沉浸在阅读的快乐中时,研究者的心情也无比的开心。

第三节 基于图画书开展幼儿园教育活动应注意的问题

在开展研究的过程中,教师逐渐认识到图画书蕴含着丰富的教育内容,在思想上明确了基于图画书开展幼儿园教育活动的目标之一——培养爱阅读的幼儿。但在实际操作的过程中也产生了一些疑问,如“图画书应该人手一本还是众人一本”“图画书是阅读工具还是阅读的对象”,有时还片面地认为图画书阅读就是早期识字。刘宝根教授对此问题从早期阅读的基本观念出发,为我们解开了迷惑。

一、图画书是工具还是对象

不论是借助图画书开展早期阅读教学,还是以图画书为素材开展教学活动,抑或图画书承载幼儿园的课程,力图通过图画书来开展幼儿园语言教育甚至是幼儿园所有学习领域的活动,这些都必须理清图画书的价值或属性定位为“对象”还是“工具”的问题。将图画书视为幼儿学习的对象,则要求幼儿阅读图画书本身,通过阅读图画书理解故事,因此在教学过程中重点就放在阅读图画书本身,尤其强调幼儿通过阅读获得故事理解的过程;将图画书视为幼儿学习的工具,教学活动的重点应放在图画书故事内容所传递的价值、深层意义和其他领域的学习机会,因此在教学过程中重点就在于通过图画书来帮助幼儿获得图画书故事内容所传递的价值,促进幼儿语言能力的发展或是社会性、情感、人格等方面的成长。

要搞清楚两者的关系,仍然需要回到早期阅读的基本概念上来。阅读是获得意义的过程,早期阅读活动是帮助儿童发展“获得意义的能力”的活动。在图画书阅读过程中,幼儿同时进行着两种活动:一是学会阅读,二是通过阅读来学习。这两种活动在幼儿阅读过程中同时并存,不可截然分开。但在教学过程中,学会阅读是幼儿通过阅读来学习的基础,幼儿只有充分运用阅读技能,在理解画面信息、准确把握作者意图的基础上,才有可能产生对作者所要传递深层次含义的理解，学会阅读并最终走向自主阅读。这种通过自己的阅读，结合已有生活经验和阅读经验获得的深层含义，对幼儿个体来说可能更有价值。因此，图画书既是幼儿阅读的对象，也是幼儿通过阅读来学习的工具。在幼儿园教学中，教师首先应该将图画书定位为阅读的对象，让幼儿通过阅读感受图画书的文学美和艺术美，在幼儿理解图画书故事和感知图画信息的基础上，发展幼儿书面语言意识和能力包含的三个范畴（前阅读、前书写、前识字）方面的关键经验，然后在将活动的重点放在故事中的语言、结构、人物特征、情节变化的理解上。只有在此基础上，教师才能进一步拓展教学的范围，引导幼儿讨论、分析图画书故事所传递的深层含义，或开展其他领域的学习活动。

二、人手一本还是众人一本

"前阅读"是早期阅读的重要范畴，在幼儿期主要表现为幼儿的图书阅读能力，如翻阅图书的能力，观察画面的能力，在阅读中预测、假设并从图画书阅读中获得验证的能力。如果只用一本大书，或者只用一个PPT（幻灯片），幼儿就必须以教师的阅读速度来阅读，而教师往往是以大部分幼儿的反应来调整大书或PPT的翻阅速度的，这样幼儿个体就缺乏依据自身生活经验、阅读兴趣锻炼发展阅读技能的机会。另一方面，众人一书，教师也难以观察到幼儿个体已有的阅读水平和阅读方法，甚至难以了解幼儿在阅读中的兴趣关注点和阅读难点。而人手一书，则保证了每名幼儿可以根据自己的经验和已有阅读水平与阅读材料进行互动，表现并发展阅读技能，教师也能从幼儿人手一书的独立阅读中观察、评价幼儿的阅读兴趣，发现幼儿阅读的难点和幼儿阅读技能的个体差异。当然人手一本并不是摈弃大书、PPT形式的电子书，关键是教师要根据幼儿阅读关键经验的发展阶段来调整相应的策略。图画书中的关注点、难点，图画书理解的关键点，教师可以用大书或者PPT形式的电子书引导幼儿共同关注。

三、活动实施中应注意的问题

(一)教师教育观念从教师"教"转变为幼儿"学"

幼儿园教育实践中,对图画书的重视在早期阅读兴起的浪潮中显现。图画书因其内容的丰富性、表现形式的多样性深受幼儿的喜欢,也因此成为幼儿园培养幼儿阅读习惯和能力的主要素材。而要培养主动发展的幼儿,就要将幼儿作为一个具有主动意识的人来看待,就要贯彻《纲要》中以幼儿为本的精神。在课程开展前期,教师将图画书当成教材,仅考虑到图画书的教育性,而缺乏对幼儿兴趣的考虑。而在实施的过程中,教师以自己的主观意见为主,让幼儿按照自己的逻辑去操作、回答甚至学习知识内容,这样只能造成幼儿的被动学习。在厘清以上问题之后,教师们首先从理念层面进行了转变,意识到要从教师的"教授"转变为幼儿的"自主学习"。其次,在设计和开展活动环节,一是考虑并结合幼儿的年龄特点,二是考虑幼儿的情绪体验,三是要从幼儿的兴趣出发,四是促进幼儿的主动学习。最后,教师需和幼儿进行前期的探讨,从基于教师对图画书的理解或者教师认为幼儿对图画书的理解确定课程内容转变为基于幼儿在读完图画书之后真实的体验是什么,幼儿到底对哪些内容感兴趣为素材确定课程内容。如:幼儿是否喜欢这本图画书,在看完图画书后有什么问题,对图画书中的哪些内容感兴趣。这样才能设计出适合幼儿、从幼儿角度出发的优秀的教育教学活动。所以,教师观念的转变是决定图画书阅读活动开展成功与否的关键所在。

(二)年、学期、月、周教育目标相统一

首先切不可仅将图画书当成教材,若只是教材,就不必给每个幼儿购买一本图画书;其次切不可将每一个读本简单地割裂为一个又一个的活动。要树立大课程观,首先要将幼儿培养目标牢记脑中;其次在三年培养目标的引领之下,在学期目标中体现此目标,更要在图画书承载的五大领域的学习活动、游戏活动、生活活动的月目标中体现此目标。如小班幼儿选择《我爱幼儿园》《抱抱》等图书,目的是让小班的幼儿入园有良好的情绪体验,让幼

儿感受到老师、父母、小朋友之间的爱和关心。最后在周教育目标的表述中一定要用表现性目标进行具体的描述，尤其是周教育活动的学习目标、游戏目标、健康目标、活动目标、家园共育的目标都要紧紧围绕图画书的内容和幼儿发展目标来制定，这样才能真正落实幼儿培养目标。

（三）预成教育活动与生成教育活动相结合

在初始的教育实践中，教师将一个月四周的教育活动计划都制订出来，在教研过程中教师们发现这样制订的教育活动计划虽然在一定程度上减轻了教师的工作量，但从幼儿发展的层面上看不能体现以幼儿为本的教育思想，没有考虑到每个班幼儿的特点，没有考虑到不同幼儿在图画书阅读过程中的兴趣点；从教师发展的层面上看，教师拿着预成的教育活动计划，会忽视对幼儿的关注，会漠视幼儿在图画书阅读过程中的兴趣取向，既不利于教师的成长，更不利于幼儿的发展。因此通过研讨，教师减少了预成活动的内容，从原来预成四周的内容减少为三周的内容，空留下最后一周的内容，教师在前三周的教学活动中观察幼儿的表现，倾听幼儿的表达，注意幼儿的兴趣，在此基础上生成新的教学活动，一能充实教学的内容，二能体现不同班级教师的教育智慧，三能激发幼儿在活动过程中的积极性。

（四）专门教育活动与渗透教育活动相联系

如果仅将图画书作为幼儿学习活动的资源，就失去了选择图画书建构课程体系的意义，因为幼儿学习本身除了教师有准备的教学活动之外，更要在游戏中、生活中学习。语言学习在某种意义上即是在语言游戏和语言游戏规则之间来回地奔跑：不断地利用语言游戏规则展开语言游戏，并在不断进行的语言游戏中掌握语言游戏规则，直到语言的意义被完全照亮，学习者获得对语言的完全理解。[①]因此，如何将图画书中挖掘出的教育内容或者幼

①付伟，张绍波，杨道宇．以故事说生活：儿童语言教育的本质[J]．学前教育研究，2013(1)：50.

儿感兴趣的内容在游戏和生活活动中渗透显得十分重要。如幼儿对图画书《一寸虫》中一寸虫很感兴趣,教师不失时机地在活动区为幼儿提供了一寸虫图片,鼓励幼儿测量活动室各种物品的长度;受图画书《爱音乐的马可》中马可的影响,幼儿对打击乐产生了浓厚的兴趣,教师采用购买、自制和幼儿自带的方式在活动区为幼儿提供了各种乐器,这样就实现了学习活动与游戏活动的有机结合;如幼儿阅读完《蚂蚁与西瓜》后,初步意识到蚂蚁的合作意识和合作的重要性,教师在生活中不失时机地让幼儿共同完成玩具、图画书的收放等需要合作完成的任务,通过此举,一是减轻了教师的工作任务,二是幼儿在生活活动的实践操作中更进一步体验合作的重要性。

第六章　基于图画书创设家园共育阅读环境的策略

第一节　幼儿园阅读环境的创设策略

一、公共区域阅读环境的创设

所有读者都明白这样的道理:阅读的场所和阅读的乐趣、情绪、专心度有着极大的关系。像在床上阅读,感觉绝对是温馨、舒适而全然放松的,这必定和在以下几种状况中阅读有着截然不同的感受:在天寒地冻的车站里、在艳阳高照人满为患的沙滩、在满是读者的图书馆。从中不难看出幼儿园阅读环境创设的重要性。

(一)打造幼儿与书亲密接触的环境

阅读总是遵循着一定的循环历程。其间的每一项环节都牵动着另一个结果,而这并不是由A到Z这样的直线关系,而是一个周而复始的循环。以下这个"阅读循环"示意图更能说明打造幼儿与书亲密接触的环境是多么重要。

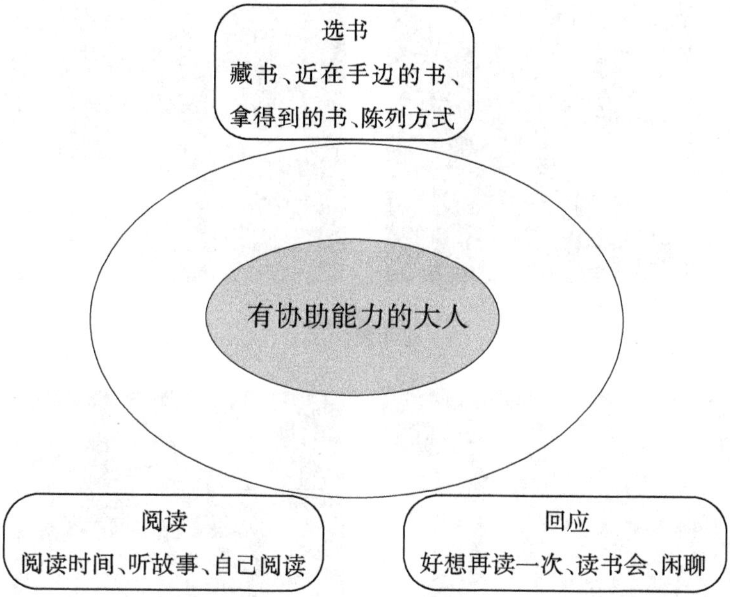

阅读循环示意图

英国文学大师艾登·钱伯斯在《打造儿童阅读环境》中说:“阅读总是需要场所的。”可见,为幼儿创设一个良好的阅读环境是阅读的首要条件。良好阅读环境的营造,可以提高幼儿阅读的积极性,培养幼儿阅读的兴趣,从而使幼儿爱上阅读,享受阅读。阅读是生活,它来源于生活的每一个角落。尽管研究园所条件简陋,没有专门的图书室,但幼儿园的图画书品种和藏书量是其他幼儿园所不及的。要培养爱阅读的幼儿,一定要为幼儿营造良好的阅读环境,让他们阅读经典,让他们在幼儿园随处都能看到经典。近几年,幼儿园一直在拓展大厅和一楼、二楼走廊的功能,努力创设良好的阅读环境,让公共区域变成公共图书馆,选取幼儿喜爱的图画书及适宜家长阅读的图书,将其摆放到精心布置的木质书架上,让早到、迟走和随时想阅读的幼儿、家长可以在大厅及一楼、二楼走廊里读书。

公共区域墙面也进行了精心布置,将经典图画书的故事插画和幼儿的自制图画书分页装入相框内,装饰到墙面上,让家长与幼儿随时随地感受身在图画书的世界里,让家长与幼儿园有共同的理想——培养爱阅读儿童,营造良好的家园阅读环境。

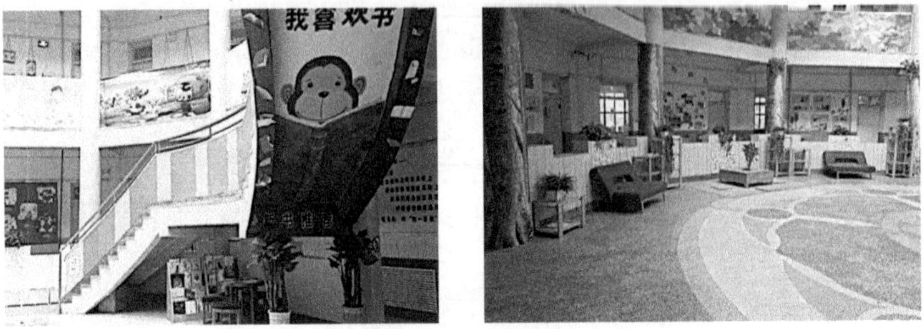

幼儿园大厅

幼儿园走廊

幼儿园墙面

(二)注重图书的陈列方式

图书的陈列方式,影响着图书是否可以受到更多的关注。陈列完美的图书不仅是图书馆的最佳装饰,更可以激发读者的阅读兴趣,并影响读者的阅读心境。展示架上的图书,本身就是图书的最佳代言人。当然,效果如何和它的陈列方式、封面是否足够吸引人,都有着绝对的关系。总而言之,一个成功的图书陈列展示绝对可以达到事半功倍的效果。

1. 图书摆放地点的选择

如果将图书放在一个热闹过道的阴暗角落，大概没有人会留心阅读。首先一个理想的图书摆放地点，应该允许读者好好地站着欣赏；其次可以从一些优秀的橱窗设计或美术馆的陈列中获取灵感，应用在图书的陈列上。图书应该怎样陈列、空间如何规划绝对不可以随随便便，胡乱凑合了事。其次，图书摆放的数量也要细心考虑，书零零星星地散置在书架上很难看，但若挤上太多书，也会让人眼花缭乱。

2. 有吸引力的图书摆放

即便是在公共区域摆放的图画书，也要遵循这一原则——第一眼就能抓住阅读者的目光，吸引他们继续看下去。一般商场图书展览所需的设备非常昂贵，作为幼儿园教师，应多动脑筋通过各种深具创意的方式展示图书。如用大大小小的梯子拼成各种有趣的形状，然后用麻布袋盖上，再点缀一些幼儿的美工作品，就可以成为创意十足的背景；将一些用过的纸盒加以包装，再涂上五颜六色的可爱图案，就是一个个大型的书箱了；美术或手工活动的配备用品，如画架、木制长凳等，也可以组成很棒的展览台；服装店里的假人模特儿和舞台上的台阶应用起来，都是很棒的点子。只要用心构思，就不难发现很多很好的创意比那些专业的展览板、陈列桌更能抓住幼儿的目光。

3. 主题鲜明的图书推介

充分利用幼儿园的大厅和家长资源在幼儿园定期开展图书展览会。大型书展常常能再度激发幼儿的阅读兴趣，从各种书展的质量可以看出一个学校、一所幼儿园对早期阅读的重视程度，如果各种各样形式的书展能够随时在校园里出现，必定可以鼓励并创造出更多的读者群。对于幼儿园来说，主题鲜明的图书推介活动可以从以下几个方面开展：新书展示，这也是最受瞩目的书展，每个人都对幼儿园采购的新书充满兴趣；专题书展，如结合以图画书为素材的教育活动开展相关的专题书展，如与爱有关的图画书、关于动物的图画书、关于民俗故事的图画书等；本周作家，这也是一个相当受欢迎的主题，同时也是吸引大班幼儿尝试写作的绝佳方式；本周艺术家或插画家主题节展，充分利用大学校园的师资资源和家长资源，请大学的美术教师与幼儿共读图画书；与节庆或者时事有关的书展；幼儿在阅读之后的各种相关创作与所阅读书籍的联展。另一个方面，对于幼儿来说，在参加幼儿园书展之前，就必须告知他们应该做些什么，遵守哪些规定。在活动之后，应核算整个活动的开销。幼儿园期待通过幼儿园的书展，幼儿成为文学气质十足的忠实读者，长大后成为好书店的买书常客。

二、幼儿活动室阅读环境的创设

除了在幼儿园的公共区域为幼儿创设良好的阅读环境外，利用幼儿园有限空间建立图画书馆和班级阅读区也是很重要的。虽然幼儿园硬件设施及场所面积有限，但仍然将大一班寝室进行了二合一利用，一部分为幼儿床铺，一部分成为幼儿园的图画书馆，摆放多组书架，将幼儿园的所有图画书投放其中，并配置柔软的彩色坐垫，让幼儿可以随时随地进行阅读。

对于班级教室图书阅读区的创设，各班也有相应的图书架。幼儿园不断加大图画书的购买力度，定期会对班级图画书进行添置投放，其中包括：以图画书为载体的园本课程用书，《可爱的鼠小弟》《不一样的卡梅拉》《翻翻书》等系列图画书，还会订阅《幼儿画报》等适合幼儿和教师阅读的杂志，让幼儿随手可取图画书，处处都能感受到阅读的浓浓氛围。班级的主题墙面也开辟出专门的图画书阅读活动后的延伸版面，展示幼儿围绕图画书阅读教学活动开展的延伸内容，如幼儿对图画书故事的讲述、仿编、创编，幼儿和家长的亲子共阅、共论、共绘等。创设这样立体式的多元阅读环境，不但为幼儿营造了良好的阅读氛围，还让幼儿在这种渗透式的环境中激发出浓厚的图画书阅读兴趣。

幼儿园图书馆

班级图书区

班级主题墙面

三、生活活动中阅读环境创设

(一)图画书内容成为班级区域活动开展的线索

幼儿园不仅尝试以图画书为素材设计与开展教学活动,而且对图画书的作用和价值进行拓展，让幼儿有机迁移阅读策略或系统梳理知识经验，区域活动则是很好的拓展方式。在区域活动中可开设阅读区，提供多种与主题相关的阅读材料，也可将图画书的内容渗透于各种区域游戏中或将图画书教学活动中未完成的内容在区域游戏中继续实施，不断延伸阅读主题与区域活动的内容，增进幼儿自主阅读和学习的快乐体验。

1. 图画书与阅读区的结合。可在活动室选择一个相对独立、安静、光线明亮的区域设置图书阅读区。在区域中投放适量的与幼儿年龄相符的图画书，并定期根据主题进行更换，让幼儿通过看看、说说、听听等活动，体验图画书中人物的角色形象和故事情节发展。在阅读的过程中，建立良好的阅读常规，让幼儿养成有序入区、轻声交流、轻拿轻放的良好习惯，轮流参与图书阅读区书籍的投放、整理和归类，增强幼儿的参与和管理意识；让教师和幼儿共同修补图书，从小养成爱护图书的好习惯。

2. 图画书与科学区的结合。将图画书中有关科学知识的内容进行梳理，教师自主设计对应、分类、排序等内容的过塑卡片或废旧材料再利用的物品，供幼儿进行操作实践。也可根据图画书中的有关内容进行尝试性小实验。如图画书《蚯蚓的日记》，教师与幼儿可去户外对蚯蚓进行观察，并将其带回投放在区域中，幼儿每日可对蚯蚓进行观察及做好观察记录，通过观察实验了解蚯蚓的生活习性等。

3. 图画书与美工区的结合。在美工区投放各种操作材料，让幼儿在区域活动中，根据图画书的内容、人物或者延伸内容，进行涂涂画画、剪剪折折或用彩泥进行做做捏捏。也可将教育戏剧理念融入其中，幼儿自行根据表演角色要求，自主设计制作所需道具，在制作过程中，培养具有主动性的幼儿。

4. 图画书与建构区的结合。幼儿可根据图画书中的内容，自行建构故事场景。如图画书《母鸡萝丝去散步》，幼儿可根据故事情节建构母鸡萝丝散步经过的场景：院子、池塘、草堆、磨坊等，可以让幼儿在建构过程中加深对图画书的认识。

（二）图画书成为日常活动中转换环节的素材

《指南》对各年龄阶段的幼儿的学习与发展提出了目标，试观幼儿在园生活的每一个环节，不难看到《指南》各领域的目标与幼儿的生活是密切相连的，生活的每一个环节都蕴含着实现《指南》各领域目标的机会，具有极大的教育价值。如果有意识地活用的话，每一个环节都能够帮助幼儿向着《指南》的目标迈进。①

幼儿园将“经典活动”融入一日生活的转换环节当中。何为“经典活动”呢？首先，什么是经典？是具有典范性、权威性的，经久不衰的万世之作，经过历史选择出来的“最有价值的”，最能表现本行业精髓的，最具代表性的，最完美的作品，才能被称为经典。何为“经典活动”呢？是指将“经典音乐”“经典动画”“经典图画书”“经典戏剧”融入幼儿园的活动。这些经典活动全部以经典图画书为素材，围绕主题紧密开展。通过这些活动，幼儿能认真倾听并能听懂常用语言，结合不同情境感受不同语气、语调所表达的不同意思，愿意讲话并能清楚地表达，具有文明的语言习惯，喜欢阅读，对看过的内容和听过的故事能说出自己的看法，还能培养幼儿良好的专注力，让幼儿更深入地了解经典作品，感受经典作品的经典之处及给人带来的深远影响。

第二节　家园共育阅读环境的创设策略

之前的章节讨论了图画书的图文之美以及基于图画书开展教育活动的系列策略。培养爱阅读的幼儿仅靠幼儿园单方面的力量过于单薄，必须依赖于亲子阅读的跟进和渗透。本章重点探讨家园共育阅读环境的创设策略。

一、家庭亲子共读的阅读之美

亲子共读是推动儿童阅读的最佳途径，父母作为幼儿智慧的摆渡人，可以在共读中将图书中的思想精华传承给幼儿，让幼儿感受阅读之美，在幼儿身上感受到创意，并进一步作用于塑造子女的人格。

①李季湄，冯晓霞.《3-6岁儿童学习与发展指南》解读[M].北京：人民教育出版社，2013:218.

(一)感受图书之美

优秀儿童都有一个共同的特征,那就是优秀儿童个个拥有卓越的阅读能力。培养具有卓越阅读能力的幼儿就要及早让幼儿亲近书籍,感受图书之美,这对于幼儿日后成长为健全的社会人,拥有完善的个性人格具有积极的意义。犹太人最爱读书,古代犹太人将书看得破旧不能再看了,就挖个坑,庄重地将书埋葬,他们的孩子也必须参与其中,给孩子留下的是"书是有生命的东西"的观念。他们还在经典图书上涂上蜂蜜,让不识字的幼儿去吻,让幼儿从小就知道书是甜蜜的东西。

当然每个幼儿的阅读欣赏能力是不同的,因此,必须根据年龄和阅读能力、阅读兴趣选择不同的图画书。如果给幼儿选择的图书,幼儿看不懂,家长讲了,幼儿听不懂,幼儿就感受不到阅读之美,甚至会对图书产生反感。对于家长来说,找到适合与幼儿共读的图书是前提,家长可以借鉴前文中关于对图画书图和文的详细描述选择适合不同年龄幼儿阅读的图画书。一般来说,从图多文少、故事生活化、可以念出生动的声音、材质不宜破损的书开始,慢慢带幼儿进入美好的图书世界。

另外,适合低龄幼儿阅读的图画书从内容上分为故事图画书、科学图画书、认知图画书等。涵盖的内容,包括了幼儿应该获得的关于社会、艺术、语言、健康等多种知识,不同个性和兴趣取向的幼儿,喜欢的图书内容不尽相同。家长要在了解幼儿兴趣爱好的前提下为幼儿选择不同类型的图画书,让幼儿从最喜欢的图书开始阅读,才能引发他对于阅读的兴趣,逐渐感受阅读之美。

(二)感受情感之美

许多图画书都浸透了人类美好的情感,比如《爷爷变成了幽灵》《再见吧,神奇的窗口》《五岁老奶奶去钓鱼》等图画书,对于幼儿不仅是一种生命教育,更充满了人与人之间的真诚与挚爱。《猜猜我有多爱你》《逃家小兔》《我的爱有世界那么大》更是伟大的母爱的颂歌。家长在讲述时要突出情感教育,真情实意地为幼儿讲述故事中所蕴含的情感和爱,让幼儿感受为什么窗口如此神奇,为什么爷爷变成了幽灵还要和孙子说再见。在亲子共读的过程中幼儿感受人与人之间情感的醇厚香浓，母子之爱的伟大与神奇。

要培养幼儿的阅读兴趣并非难事，重要的是满怀亲情。图画书不仅仅是帮助幼儿成长的工具，更应该是一座桥梁，是感受家庭温暖、父母之爱的桥梁。与幼儿一起读图画书，重要的不在于幼儿学习知识，重要的是家长与幼儿之间共读而共享的情感交流。在共读中，家长借助眼神与声调传达出对幼儿的爱，让幼儿获得心灵的安全感，家长抱着幼儿，拉着幼儿的小手一页页翻看的过程，都在通过身体接触，传递美好亲情，增进天伦之乐。当然，家长首先要深入了解图画书，富有深情和爱心地念给幼儿听，这必定能将印刷文字转化成生动温暖的话语，并让这些话语传入幼儿的耳中与心中。家长每天晚上念图画书给幼儿听，是人类多么美好的画面！

（三）感受细节之美

关于图画书的细节之美，前面的章节有所叙述，这里不再赘述。在亲子共读的过程中，要帮助幼儿把握、体味书中的细节，因为许多细节是故事的关键所在，体会不到细节之美，对作品就无法深入理解，体会不到故事的真髓。如《打瞌睡的房子》中跳蚤的细节，《爷爷一定有办法》中画面下面的小老鼠用爷爷剪下的碎步做新衣、用窗帘做台布的细节，“大拇指无字故事书”系列的《小鸡和狐狸》中小鸡亲吻狐狸的细节等，都是作品神来之笔，也是理解故事的关键所在，品味到细节，才能享受这些作品构思的奇巧和作品的意蕴。《花婆婆》作者芭芭拉·库尼在画她那本凯迪克奖的得奖之作《金嗓子和狐狸》时说过，即使没有人会关心和注意画中的细节，但她还要尽量地让她的画中充满了许多东西，因为随着时间的过去，读者会了解更多。对幼儿来说，图画书的细节是潜移默化的无形老师，它会在润物细无声的流淌中，满足幼儿的好奇心。而且，透过书上好玩的细节，再加上父母的带动与引导，幼儿不但能享受发现、探究和寻找的乐趣，也有助于增进观察力、判断力。

寻找细节、发现细节、享受细节之美，这应该是幼儿在阅读图书、发现现实中的第一个“学习项目”。

（四）感受韵律之美

松居直在《幸福的种子》一书中说：“要增加幼儿的词汇量，培养幼儿语言能力,最重要的就是让他们在成长的过程中听到丰富的词汇。事实上,建立幼儿阅读能力的基础,是从耳朵不断积累词汇开始,而不是让幼儿提早识字,看书。”每本优秀的图画书的文学语言,都具有艺术之美、韵律之美。在亲子共读中,要让幼儿感受语言韵律之美,在给幼儿讲解之前,家长一定要先阅读、理解作品,这样念出声来才能掌握好声调的抑扬顿挫,才能体现语言之美。书面语和口头语毕竟有所区别,必要时,对原来书中的个别书面语,要变成幼儿易懂的口头语,便于幼儿理解图画书之内容。《快乐的一天》语言很美:“下雪了,田鼠睡觉了,熊睡觉了,小蜗牛在壳里睡觉了,松鼠在树洞里睡着了。哎呀,它们全醒了。田鼠闻闻,熊闻闻,小蜗牛钻出壳来闻闻,松鼠钻出树洞闻闻,土拨鼠钻出地洞闻闻。田鼠跑了起来,熊跑了起来,小蜗牛背着壳跑了起来,松鼠跑了起来,土拨鼠跑了起来。它们闻啊闻,跑啊跑。它们停了下来,围成了一个大圈,又笑又跳。它们发现了什么呢?”作品中“睡觉了”“闻闻”“跑了起来”等动词和短语的不断重复,使作品富有节奏感和韵律感,在给幼儿阅读这个故事时一定要抑扬顿挫,突出短语和动词,让幼儿在感受韵律之美的同时,丰富词汇。

语言有其独具的生命和内涵,借由诵读故事,幼儿可以体会文学与艺术之美,可以掌握书中的整体艺术氛围,并且还可渐渐地学会专注于倾听。韵律之美会让幼儿终生保有难忘的文学欣赏经验,而这正是欣赏书籍时应有的态度。

(五)感受创造之美

亲子共读不仅是和幼儿感受阅读之美,引导幼儿喜欢阅读,更要让幼儿对阅读拥有热情,感受创造之美。

对于有故事的图画书,在给幼儿讲完故事后,可以让幼儿复述故事,也可以让幼儿根据读完的故事自己创作一个新的故事,家长可以把幼儿的创作故事记录下来。对于无字图画书,可以让幼儿先读书,根据幼儿对图画的观察鼓励幼儿讲述,即便幼儿只讲了只言片语,思路凌乱,家长仍要鼓励幼儿。幼儿在自我创作图画书故事内容的过程中不仅领略到了阅读之美,更能体验创造之美。

读一本好书,是在与一个伟大的心灵对话。好书是美的,阅读是享受生命、享受人类思想智慧的美妙过程。亲子共读是和幼儿一起共享阅读之美,不仅能让幼儿爱上阅读,还可以在阅读中促进亲情。

以上内容借鉴了儿童文学作家白冰老师关于亲子共读的部分观点,旨在推动家庭亲子共读,让家长体味到亲子共读的美好。

二、家庭亲子共读的讲读之策

家长为幼儿讲读是图画书基本且常态的阅读方式。在和幼儿一起读图画书的过程中,受幼儿的专注力、认知能力、识字水平所限,成人往往不是直接念出书上的文字,而是融入个性化的讲解。如果幼儿年龄较小,没有耐心听完大段的文字,家长需要对文字进行缩减;当幼儿对书中没有深入展开的某一点感兴趣时,家长需要根据自身掌握的知识进行讲解;当幼儿对故事内容产生疑义时,家长需要帮忙加以分析。家长讲读介入后,幼儿的阅读过程会变得更加顺畅,讲读将图画书的"图文"故事转化成了"视听"故事。

此外,家长必须意识到,应根据图画书的特殊艺术形式和特点讲读图画书,讲什么和怎么讲都要随着图画书的品质和特点,幼儿年龄、阅读活动性质、场所的不同灵活变换。图画书的"讲读",实际上包含讲述、朗读、讨论等多种元素和阅读形式。下面重点介绍亲子共读过程中的讲读策略。

(一)讲读故事不只是讲读文字的故事

即使在文字叙述故事比较充分的情况下,图画书故事的大部分内容,包括情节、场景、人物的行动和情感、时间的发展,还是由图画在叙述、描写和表达,讲读故事要将图画书的"图说"的那部分纳入,转化为语言,并与文字表达部分的故事进行连缀整合,一体讲述。当然所有的过程应该以幼儿的自主阅读为前提,讲读者更多只需要进行图文结构方面的充分准备与把握,适时对图画表达内容做恰当必要的补充。

(二)故事形态、结构、品质不同的图画书应该有不同的讲读方式

没有核心情节的图画书也可以有生发出故事情景的讲述。实验表明,图画书讲读的效果与作品故事性强弱并没有完全对等的关系,故事性弱的

作品有时有更突出而明显的阅读反应。而讲读者要引导幼儿接受和欣赏不同故事类型与风格的图画书,不应仅以故事性强弱取舍选择作品,在阅读时也不应把注意力单纯放在故事情节的关注上。

(三)图画书故事的讲读是创造性很强的个性化活动

关于图画书故事的讲读没有固定的格式或范例进行规定和指引,带有很强的自主性。讲读者可以按照自己对文本的理解,即兴地自由地进行故事描述和讲解。同一讲读者讲读同一作品,哪怕听众是同一个,只要发生于不同的场合,就或多或少会有所不同;如果听众不同,同样的作品,讲读者会根据听众的理解力和阅读状态做出不同的处理和调整;不同的讲读者对同一作品的讲读则可能有相当大的差异;重复讲读同一作品,随着对此书阅读次数的增加,无论是听还是讲,进一步的发现和新的理解都还会让人产生不同的感受和表现。

(四)图画书讲读是互动的、开放的

面对儿童的图画书故事讲读,儿童往往是主动的参与者而不是被动的受众。虽然有更多的直观图画具象,但儿童阅读图画书与文学作品的阅读一样,都会启动联想和想象,在内心进行故事情景的再现与营造,并从中体验故事阅读的愉悦与快感。幼儿会主动地参与到讲读过程中,以各种方式理解和建构故事。

(五)讲读前应做充分的先期准备

给幼儿讲读前,讲读者最好提前熟悉故事的脉络,把握故事的基本格调与情绪氛围。例如民间故事风格作品的讲读可以更为生动、活泼、口语化;诗性或散文化的图画书,讲读语言也要尽可能优美、清新,富有情感和诗意;寓意深刻富有哲理,且文辞雅致的图画书最好以同样风格的语言进行讲读,不适合采用方言俚语或进行过于夸张的角色扮演。另外,如能了解作者及作品创作背景的一些相关知识,并巧妙融入讲读过程中,则可提升讲读效果。

值得注意的是,对于讲读的意义和目的,成人的理解和幼儿的愿望并不一致,有时候过度的讲读和引导会让幼儿失去阅读的兴趣和选择的自由,因

此，无论何时，都要把尊重幼儿放在第一位，让共读过程轻松、快乐，成为享受。下面以《我爱波波熊》和《活了100万次的猫》两本经典图画书为例感受如何讲读图画书。

案例分享一：其实我很温柔——《我爱波波熊》

◆ **图说故事**

这一天，咕咕嗒老师宣布，班上要来一个新同学了。大家都开心极了。

可是，当波波熊走进教室时，所有人都吓得尖叫起来！这是一只沉甸甸、毛乎乎、丑兮兮的大野熊！

没有人和波波熊玩，也没有人和他说话，波波熊伤心地流下了眼泪……

这时，野老鼠强盗出现了，事情发生了转机……

◆ **艺术点评**

这是一本温馨可爱的图画书，讲述了一个关于接受的故事，十分贴近儿童的生活。波波熊因为自己的外表受到大家的排斥，一次意外后，大家发现了他看似可怕的外表下那颗美好的心，最终接纳了他。但是，无论什么时候，波波熊都没有改变，他仍然是他自己——一只可爱的大熊。

无论是一脸无辜的波波熊，还是机灵的小耗子兄弟、漂亮的妮妮，人物造型都圆滚可爱，表情栩栩如生。轻盈的水彩、明亮的色泽、温暖的氛围，让整体画面活泼轻快，温润饱满。背景丰富，物品多而不杂，场景设置与细节刻画非常细腻。

独特的文字排列方式，加粗、加大的字体，图形化的排列，增添了阅读的乐趣，是本书的一大亮点。

◆ **讲读建议**

(1)这本图画书不仅情节有趣，画面也非常精彩，适合亲子共读。同时，图画中的一些内容可以对孩子起到认知的作用，比如第1页1～9的数字以及颜色的识别等等。

(2)这本书讲述了一个关于接受的故事，也告诉我们，不能单从外表判断一个人，重要的是了解他，敞开心胸接受他。针对这一点，家长可以对孩子进行引导与探讨：

大家一开始为什么不喜欢波波熊？觉得他是怎样的？

波波熊向大家表示友好时，大家的反应是什么？

当大家了解波波熊后，觉得他是一只什么样的熊？

(3)画面中有些地方暗示了波波熊的处境，并前后形成了对比，你发现了吗？

星期二，黑板上天气是多云，就像是波波熊悲伤的心情；星期三，黑板上天气是个大晴天，这时，大家都喜欢上了波波熊。

一开始，所有人都穿着衣服，连野老鼠强盗都用布条蒙眼睛，只有波波熊是光着身子的；而当他被朋友们接受了以后，便穿上了一件蓝色的短上衣。

(4)图画书不仅要阅读文字，更要欣赏画面，好玩的图画书里总会藏着许多有趣的小细节：

扉页上，波波熊已经登场了，他正在走去新学校的路上。

当波波熊要走进教室时，墙上那幅画中小鸡瞪大眼睛向右看。

波波熊在他的新本子上画了三只小耗子，下面写着"我的新伙伴"。

绿垫子上放着一本书，封面上是一只和波波熊很像的大熊。

◆ **理解与发现**

(1)咕咕嗒老师班上谁的个头最大，谁最小？

(2)玩捉迷藏时，麦壳藏在哪儿？

(3)波波熊手里拿着一个小袋子，里面装的是什么？

(4)发生了什么事让大家喜欢上了波波熊？

(5)从画面里你能看出来，第二天，波波熊帮大家做了哪些事吗？

(摘自陈晖《梦幻的国度——儿童图画书讲读指导》)

案例分享二：爱的传奇——《活了100万次的猫》

◆ **图说故事**

有一只100万年也不死的猫。其实猫死了100万次，又活了100万次。

它曾经是国王的猫，水手的猫，马戏团魔术师的猫，小偷的猫，老太太的猫，小姑娘的猫……有100万人宠爱过这只猫，在它死的时候哭过，可猫一次也没哭过。终于有一回，猫变成了一只野猫，不管是哪一只母猫，都想成为他的新娘。猫选择静静地待在白猫的身边。很久很久以后，当白猫躺在猫的怀里一动不动了，猫头一次哭了，从晚上哭到早上，从早上哭到晚上，直到猫也一动不动地躺在了白猫的身边。猫再也没有起死回生。

◆ 艺术点评

这是一本具有思想和情感震撼力的图画书。在各具特征与象征意义的故事铺陈与叠加中，猫死了100万次，又活了100万次，直到它遇见白猫。读者一直被故事中的隐喻强烈地召唤和牵引着：为什么猫讨厌所有人？为什么猫变成野猫后特别喜欢自己？为什么和白猫在一起后猫不再起死回生？一个接一个的疑问让成人也让孩子在阅读中不自觉地追问、思索和感动。

猫独特而张扬的性格在图画书的人物造型中有鲜明的显现，与平时我们看到的那些可爱的猫咪相比，这只直直站立在封面上的猫从一开始就给我们留下高傲、孤独的印象。作者的画风前后还有特意的改变，配合故事的内容和主题表达，前半部分浓墨重彩的笔触逐渐变得明丽而柔美。

这部作品具有深刻的意蕴和丰富的层次，提供给不同年龄的读者以不同的感受和体会，深邃的主题、饱满的故事，让作品成为0～99岁读者共有的图画书经典。

◆ 讲读建议

(1)这是一本内容丰富、主题深厚的图画书。不仅孩子喜欢读，很多大人看完都非常感动。亲子共读时，作品的前半部分，应该充分调动孩子进入故事情境，进行故事细节的填充和想象，把握其中隐含的意义。对作品的后半部分需要人生阅历支持的阅读理解，可以尝试和孩子一起讨论，也可以留待孩子成长后自己感悟。

(2)本书的内容和主题是孩子也是大人阅读和理解的重点和难点。我们可以试着从猫的前后变化入手，一步一步进行深入探讨：

猫曾经是谁的猫？他们为什么喜欢猫？

猫和曾经的主人在一起是什么样子？

为什么成了野猫以后，猫特别喜欢自己？

和白猫在一起以后，猫变成了什么样？

白猫静静躺下的时候，是什么让猫哭了100万次？

猫为什么没有再起死回生？

(3)图画书中的图画不仅承担着讲故事的功能，而且它也要表现出人物的个性，还经常具有隐含的象征意义。仔细阅读本书，观察比较猫前后不同的神情及变化，理解作家利用画面完成的不同的人物的塑形，以及画面细节传递的故事信息。

(4)这本图画书的文字量偏大，重复的文字表达既营造了故事的节奏，也不断深化着作品的主题思想和情感力量，配合翻页和儿童读者看图，讲读者最好以合适的语速语调同步读出全部的文字。

◆ **理解与发现**

(1)猫一共活了多少次？

(2)小偷为什么只偷养狗的人家？

(3)为了成为猫的新娘，母猫们都做了什么？

(4)猫和白猫生了几只小猫？

(5)书中有几处地方作者画错了，你发现了吗？

◆ **理解空间**

(1)在这个世界上有“活了100万次的猫”，也有100万个关于猫的故事。想想看，你都读过哪些以猫为主角的故事？

(2)模仿《活了100万次的猫》，采用重复的手法，你也来编一个你喜欢的动物的故事吧。

（摘自陈晖《梦幻的国度——儿童图画书讲读指导》）

三、构建家园共读的阅读环境策略

(一)幼儿园为亲子共读提供图书

亲子共读对幼儿成长的意义已被广泛强调，它能起到在园阅读不可替代的作用。现在越来越多的家长已认识到这一点，有的家长会相应，主动为幼儿选择和购买图画书，争取更多的时间陪伴幼儿阅读，但这只是一小部分家长，更多的家长会找出各种理由，来搪塞亲子阅读活动，其中有的家长宁愿给幼儿购买一个价值一两百的生日蛋糕，也不愿意花几十元钱为幼儿购买图书。我园为了帮助并促进家庭开展亲子阅读，一方面加大图画书的购买力度，希望幼儿在园期间能随时随地阅读更多的图书，一方面确定每周五为幼儿园图画书借阅日。借阅当天，幼儿园会免费为每位幼儿借阅一本图画书拿回家中与父母共读，于下周五借阅日再将图画书带回班中，教师会为其更换另外一本。这项活动已经坚持了数年，配合亲子阅读讲座，让更多的家长了解亲子共读对于幼儿终生阅读的发展所起到的至关重要的作用。

（二）幼儿园对亲子共记提出要求

幼儿毕业前夕，幼儿园会将幼儿三年亲子共记的成果制作成书，这本书中收录了在园每名毕业幼儿的口述日记，名为《爱的印记——大班幼儿口述日记》，在大班毕业典礼上作为珍贵的礼物赠予幼儿，意在让幼儿留下美好回忆的同时，能够将阅读坚持下去。

研究者为这本书情深意切地写了序，名为《让我们培养爱阅读的孩子》，其中写道："当看到孩子们用幼稚的语言记录阅读图画书后的感受，当听到孩子们在回答教师提问的精彩表达时，我有一种感动，一个冲动，孩子们写得真好，说得真棒，我要为孩子们做一点什么，我想留给孩子们最珍贵的毕业礼物。那应该是什么呢？把他稚嫩而鲜活的文字整理出来，为即将毕业的大班孩子出一本书，在隆重的毕业典礼上，将这本蕴含着老师们浓浓爱意的礼物发放到每个孩子的手上。"在制作这本书之前，我们会对家长和幼儿提出要求，口述日记中的内容必须是幼儿自行口述的内容，是真真正正幼儿的原创，不能有家长的任何装饰和添加修改，家长只能作为记录者，帮助幼儿将其口述内容进行记录。这本幼儿园的自制小书已经诞生六年有余，这本书，渗透着幼儿园的办园理念，凝聚着老师们三年的努力，印刻着家长对幼儿的期待，记录着幼儿的稚嫩言语。希望能启迪幼儿爱上阅读，坚持写作；希望幼儿在看到印有自己名字的图书时，心中充满自信；希望幼儿每次读这本书时，感觉自己已经是个小作家了，心中充满了自豪感。

《爱的印记——大班幼儿口述日记》

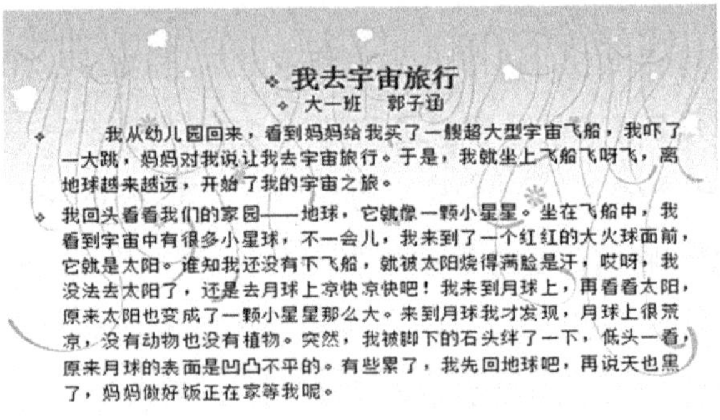

我去宇宙旅行

大一班　郭子涵

我从幼儿园回来，看到妈妈给我买了一艘超大型宇宙飞船，我吓了一大跳，妈妈对我说让我去宇宙旅行。于是，我就坐上飞船飞呀飞，离地球越来越远，开始了我的宇宙之旅。

我回头看看我们的家园——地球，它就像一颗小星星。坐在飞船中，我看到宇宙中有很多小星球，不一会儿，我来到了一个红红的大火球面前，它就是太阳。谁知我还没有下飞船，就被太阳烧得满脸是汗，哎呀，我没法去太阳了，还是去月球上凉快凉快吧！我来到月球上，再看看太阳，原来太阳也变成了一颗小星星那么大。来到月球我才发现，月球上很荒凉，没有动物也没有植物。突然，我被脚下的石头绊了一下，低头一看，原来月球的表面是凹凸不平的。有些累了，我先回地球吧，再说天也黑了，妈妈做好饭正在家等我呢。

幼儿口述日记一

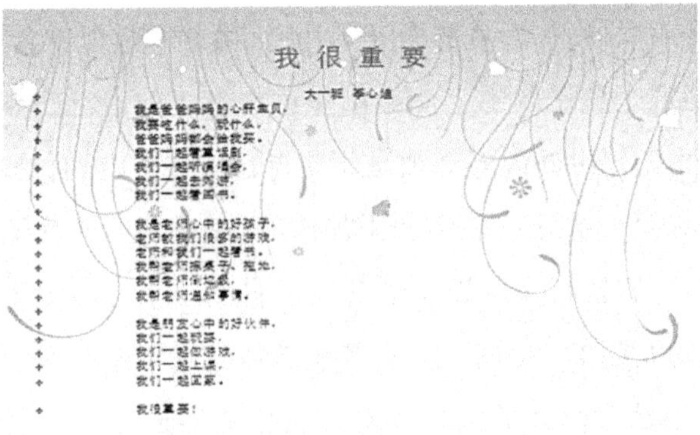

我很重要

大一班　[illegible]

我是爸爸妈妈的心肝宝贝，
我要吃什么，玩什么，
爸爸妈妈都会给我买。
我们一起看童话剧，
我们一起听演唱会，
我们一起去旅游，
我们一起看图书。

我是老师心中的好孩子，
老师教我们很多的游戏，
老师和我们一起看书，
我帮老师搬桌子、拖地，
我帮老师倒垃圾，
我帮老师[illegible]事情。

我是朋友心中的好伙伴，
我们一起玩耍，
我们一起做游戏，
我们一起上课，
我们一起回家。

我很重要！

幼儿口述日记二

(三)幼儿园为亲子共绘提供平台

幼儿园早期阅读的成果,除了上述《爱的印记——大班幼儿口述日记》外,还有一本亲子共绘作品集《与孩子一起成长——快乐阅读》。每年春季,幼儿园都将大班家长和幼儿自制的图画书展出,举办亲子共绘展览,在认可家长工作的同时,希望为更多家长树立榜样,更是展示幼儿园早期阅读教学的成果。在展览活动后,研究者一直在思考,在幼儿的节日来临时,给幼儿送什么礼物最有意义呢?就在看到亲子共绘自制图画书的这一刻,一幅幅精美的图画,一句句稚嫩的言语,家长对幼儿的一片片真情真意映入研究者的眼帘。为什么不可以将优秀的自制图画书变成幼儿的读本呢?这样既可以让幼儿阅读幼儿园小朋友自制的图画书,又可以将优秀的自制图画书保留下来,将自制图画书变成书的创意由此萌生。

幼儿园会鼓励幼儿与爸爸妈妈共同制作图画书,画面由幼儿完成,家长可将幼儿口述的故事内容帮助幼儿书写在图书上,经过老师及印刷公司美工筛选,幼儿园为亲子自制图画书提供展示平台并进行印刷,于每年的六一儿童节送与全园幼儿。希望这本书,开启幼儿热爱阅读的心灵,见证幼儿的成长,家长能将其作为珍贵的礼物永远保存。

《与孩子一起成长——快乐阅读》

案例一：大班蒋安承作品《小蜗的梦想》

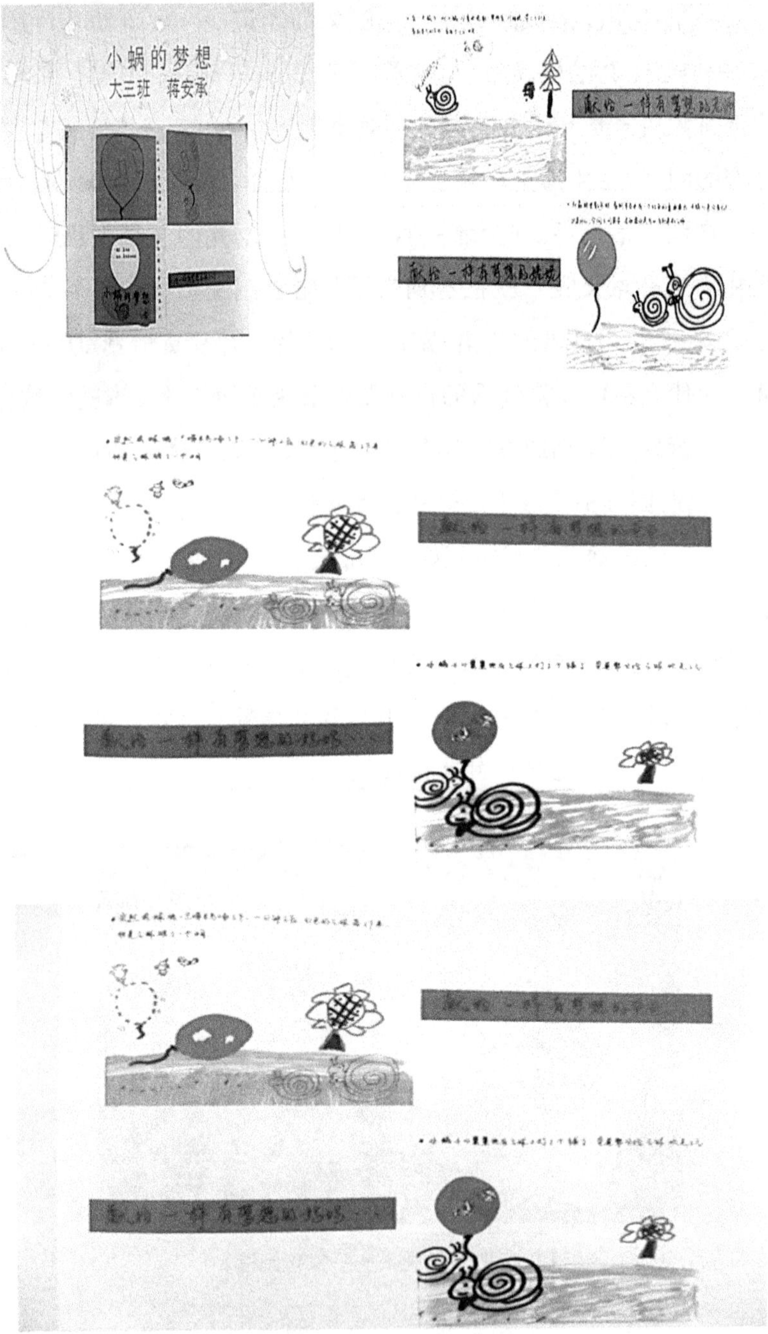

幼儿自制图画书—《小蜗的梦想》

案例二：大班岳梓轩作品《是谁偷吃了》

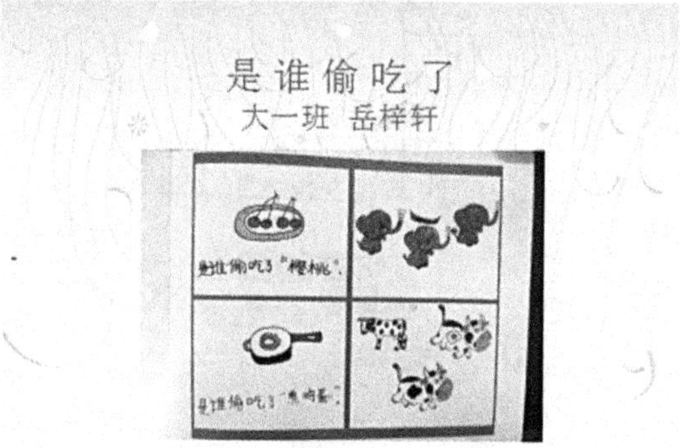

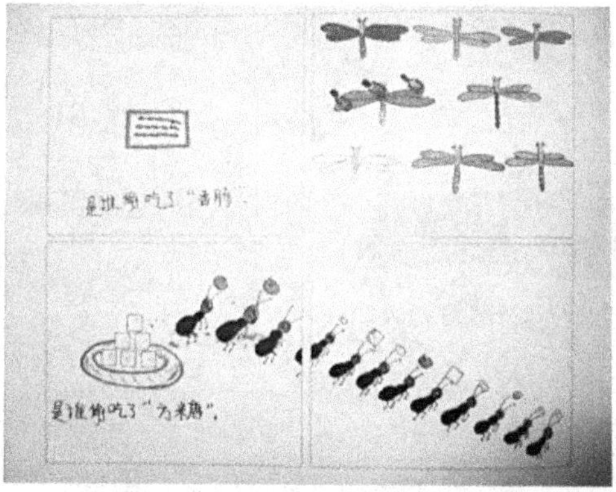

幼儿自制绘本二《是谁偷吃了》

案例三：大班邓祺筱作品《母鸡萝丝去散步之城市旅游》

《母鸡萝丝去散步之城市旅游》封面

《母鸡萝丝去散步之城市旅游》环衬

《母鸡萝丝去散步之城市旅游》内容一

《母鸡萝丝去散步之城市旅游》内容二

《母鸡萝丝去散步之城市旅游》内容三

《母鸡萝丝去散步之城市旅游》内容四

《母鸡萝丝去散步之城市旅游》内容五

《母鸡萝丝去散步之城市旅游》内容六

《母鸡萝丝去散步之城市旅游》封底

（四）幼儿园为亲子共演提供场所

每年5月为研究园的图画书表演月，幼儿园会将大厅布置成图画书小剧场，为亲子共演提供场所，于每周五与全园小朋友见面。每周五有一个班级进行表演，其中除了有班级集体剧的演出外，每班还会有家庭亲子剧的表演。而每个表演班级，从图画书的选择到角色的选择，从搭配合适的背景音乐到道具和背景的设计制作，从分组排练到彩排演出，都倾注了教师、家长与幼儿的深情付出。一场场精彩的图画书表演，让全园幼儿兴趣盎然。幼儿不仅对图画书故事有了更加深刻的感情，对内容有了更深刻的理解与体会，还使幼儿园真正成为一个大家庭，加深小、中、大班幼儿之间的互动和交往，真正体现我园“幸福家园、阳光儿童”的教育理念。从2016年开始，研究园将教育戏剧的理念融入其中，改变以往教师为幼儿编排图画书剧的模式，从幼儿的角度出发，引导幼儿自行进行遴选图书、角色分配、情节讨论、制作服装道具、加入音乐、反复排演，直至最后的上妆演出，自编、自导、自演戏剧，让幼儿在表演过程中，做到真正意义上的自主性发展。

亲子剧场演出

第三节　以图画书为载体的家园共育阅读成效与问题分析

一、形成以图画书为载体的家园共读问卷调查表

随着社会的发展、人类的进步，早期阅读越来越受到家长的关注。除了在幼儿园接受正规的早期阅读教育外，家庭亲子阅读也是促进幼儿发展的一把钥匙，更是促进幼儿社会性发展的一条纽带。2015年，为培养主动发展、热爱阅读的幼儿，了解家长的早期阅读观以及建构以图画书为载体

的园本课程，形成家园一体化的培养模式，向全园家长发放了早期阅读问卷调查表(见附录1)。本次问卷调查以分析幼儿早期阅读各类文献为基础，从两个维度设计问卷初稿，一是家庭的基本情况，包括年龄结构、工资收入、学历结构、看护主体四个方面；二是图画书阅读的基本情况包括家庭藏书量、亲子阅读主体、亲子阅读形式、亲子阅读目标等方面。并对初稿进行了四次大的修改，对问卷中一些信度、效度不符合要求的题目进行了修订或予以删除，然后发放给家长进行填写。发放问卷348份，收回有效问卷303份。最终形成了调查报告《以“图画书”为载体的家园共育成效与问题分析》面向全园家长开展专题讲座。

二、分析以图画书为载体的家园共读成效与问题

关于早期阅读对幼儿发展的重要性不言而喻，幼儿园和家庭是培养幼儿阅读兴趣、阅读习惯和阅读能力的两个主战场，如果两个主战场能产生合力，则培养爱阅读的幼儿才不是一句口号。“基于图画书开展幼儿园教育活动的策略研究”强调充分挖掘图画书本身的资源，横向以图画书为主题设计五大领域的相关内容，纵向以图画书为线索考虑教学活动、生活活动和游戏活动的整合与渗透。而家长作为重要的课程资源，他们对图画书的认识程度，对早期阅读教育的支持程度以及家庭中的阅读环境、阅读效果均成为重要的研究内容呈现。

(一)家庭基本情况分析

1. 家长年龄结构分析

本问卷分别调查了父亲与母亲的年龄结构。父亲20～30岁的10人，31～35岁的123人，36～40岁的123人，41岁以上的47人；母亲20～30岁的49人，31～35岁的149人，36～40岁的79人，41岁以上的27人。

2. 家长学历结构

本问卷分别调查了父亲和母亲的学历结构。父亲高中学历84人，大专学历81人，本科学历105人，研究生以上学历33人；母亲高中学历77人，大专学历99人，本科学历85人，研究生以上学历42人。

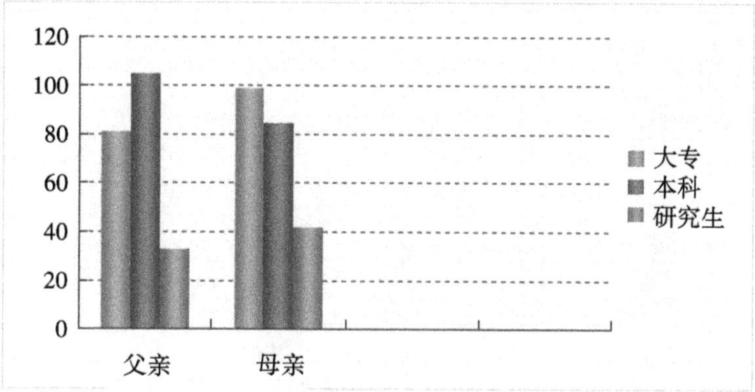

家长学历结构分析图

3. 家庭收入分析

从两个层面分析，一方面调查了父母亲从事的工作类型，另一方面调查了家庭收入。一工作类型，父亲单位员工149人，自由职业90人，个体经商73人；母亲单位员工150人，自由职业107人，个体经商43人。二家庭收入，月家庭收入3000元及以下的30户，3000～6000元的117户，6000～10000元的102户，10000元以上的34户。

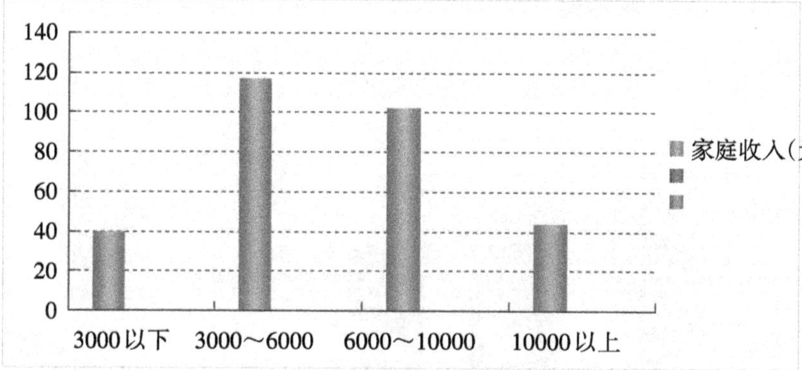

家长收入分析图

4. 看护幼儿主体分析

调查结果显示，看护幼儿的主体父亲107名，母亲123名，爷爷奶奶49名，其他24名。

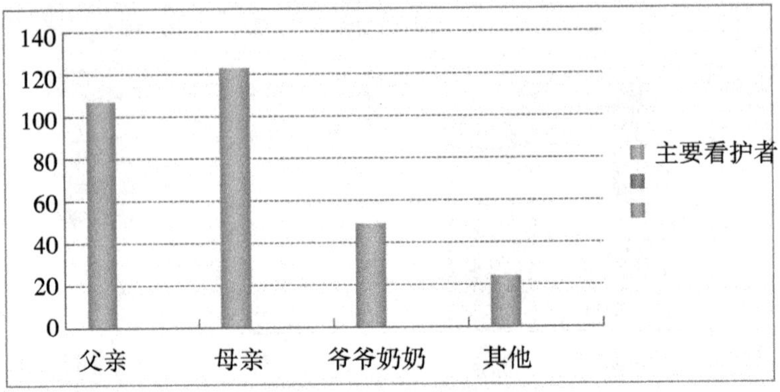

看护幼儿主体分析图

(二)家长对早期阅读的认识

1. 家庭亲子阅读环境的创设

首先从购买图书频次分析,定期购买图书的家庭122户,偶尔购买图书的家庭101户,视情况而定的家庭80户,从来不购买图书家庭0户;其次从家庭藏书量分析,家庭藏书20本以上的195户,20～50本的89户,50～100本的16户,100本以上的1户;从购买图书的类型分析,购买图画书的128户,购买故事书的111户,购买教育意义图书的74户,购买其他图书的6户。

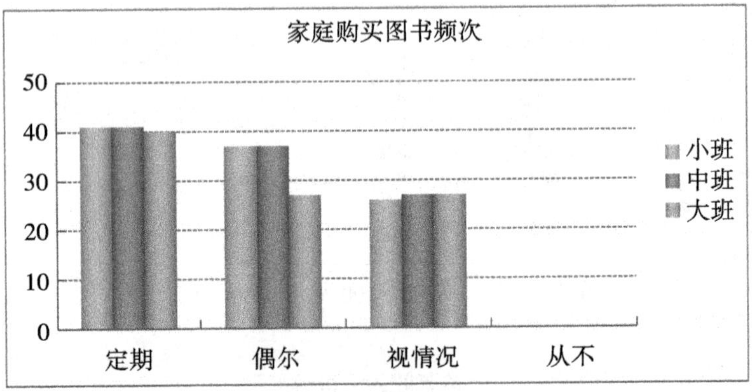

不同年龄班家庭购买图书频次分析

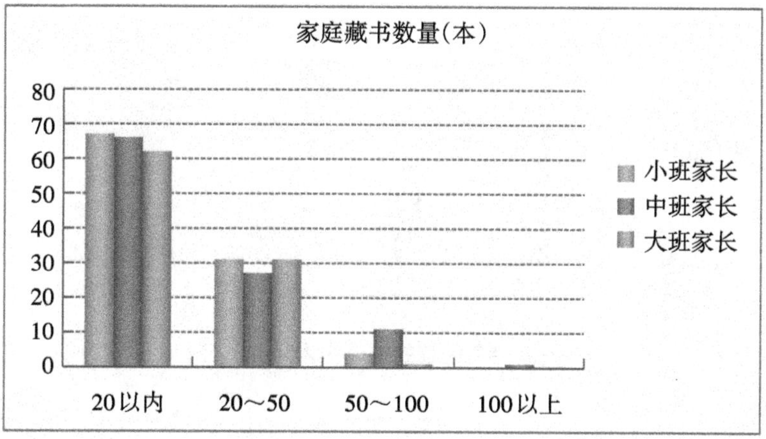

不同年龄班家庭藏书量分析

2. 家庭亲子阅读的基本情况

问卷显示，经常与孩子亲子阅读的家庭183户，偶尔和孩子亲子阅读的家庭72户，视情况而定的家庭45户，从不和孩子亲子阅读的家庭2户；第二，从与孩子亲子阅读的主体分析，父亲32人，母亲186人，父母共同81人，其他看护者4人；第三，从亲子阅读的频次分析，每天阅读的家庭91户，一周一次的家庭67户，一周三次的家庭131户，一周不足一次的14户；最后，从亲子阅读的时间分析，每晚阅读10分钟的家庭37户，阅读10～30分钟的家庭210户，阅读30～60分钟的家庭43户，阅读60分钟以上的家庭3户。

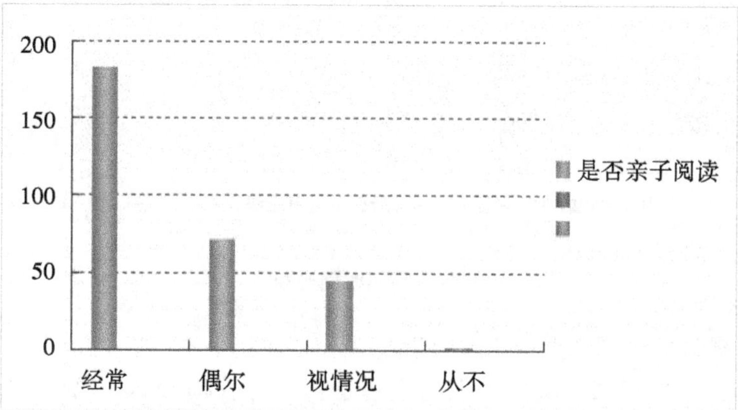

亲子阅读状况分析

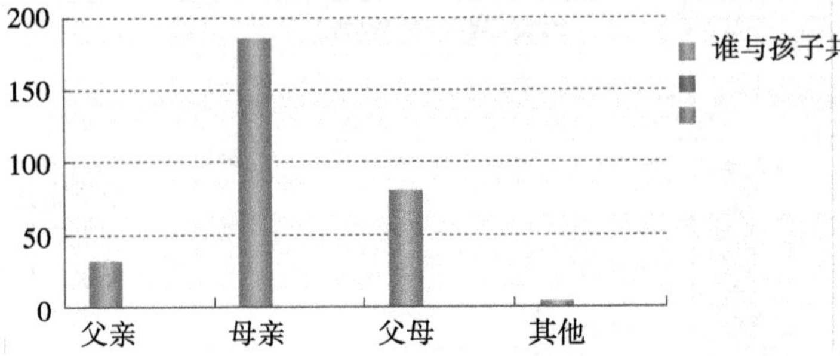

亲子阅读的陪伴主体分析

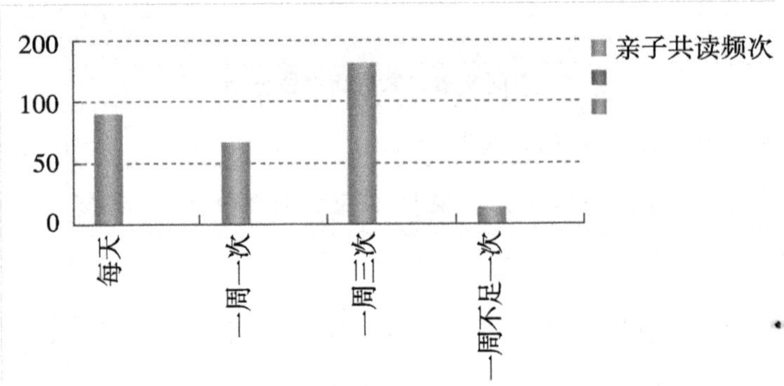

亲子阅读频次分析

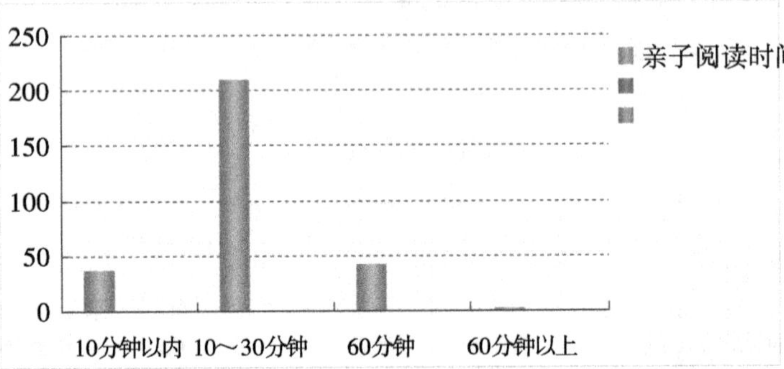

亲子阅读时间分析

3. 家长对亲子阅读价值的认识

首先家长对亲子阅读概念的理解是：亲子阅读172人、讲故事78人、识字写字32人，孩子自己阅读20人；其次按照选择频次的高低看家长对早期阅读价值的认识为：发展语言表达能力230人次、养成良好阅读习惯218人次、增进亲子感情177人次、提高理解能力172、识字量增大154人次、促进道德认知发展141人次、丰富生活经验130人次、其他14人次。

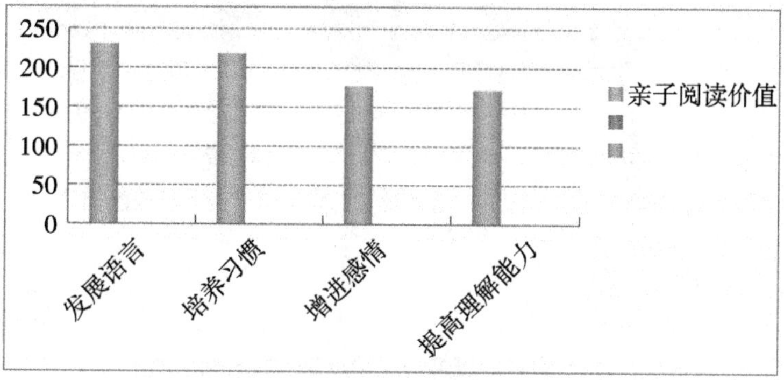

家长对亲子阅读价值的认识分析

4. 家长亲子阅读的方式

首先，家长对亲子阅读方式知识的获知渠道，幼儿园155人次，大众媒介131人次，自己摸索72人次、其他家长经验43人次，其他3人次；其次，从亲子阅读中的提问分析，只讲故事不交流的7人次，少提问要求回答的64人次，只提问不要求回答的6人次，主动提问要求幼儿回答的226人次；第三，亲子阅读结束的方式，幼儿要求结束的53人次，家长按计划结束的62人次，家长和幼儿商量结束的121人次，阅读完自然结束的67人次；最后，家长是否要求幼儿复述故事，经常要求复述的81人次，偶尔要求复述的122人次，视情况而定的93人次，从不要求复述的7人次。

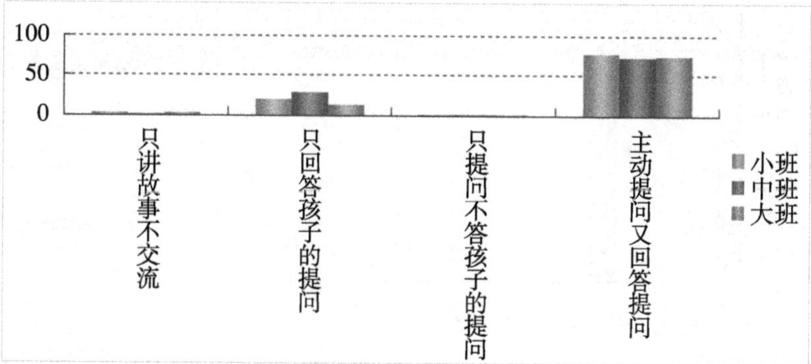

不同年龄班亲子阅读的提问分析

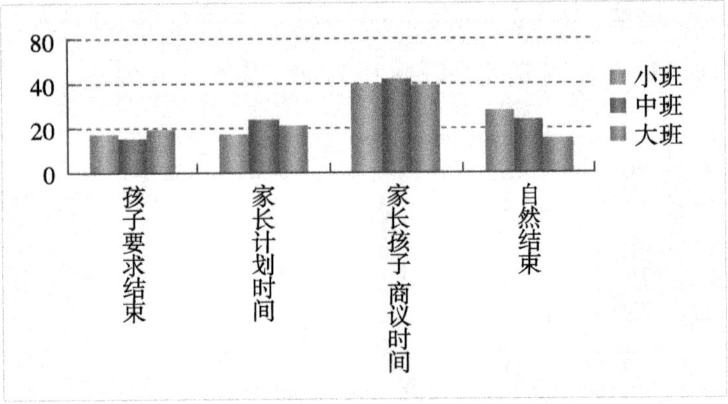

不同年龄班亲子阅读结束方式分析

5. 家长对幼儿园开展早期阅读的态度

数据显示，家长认为非常应该开展早期阅读的165人，应该的145人，不应该的2人，随便的1人；其次，对幼儿园早期阅读效果的认识是激发兴趣培养习惯的273人次，扩大知识丰富经验的229人次，提高看图理解能力的243人次，提高语言表达能力的240人次，学习识字的158人次，其他15人次；第三，家长最感兴趣的早期阅读形式教学活动220人次，小剧场表演活动218人次，自制图画书活动181人次，自由阅读图书活动175人次，专题讲座75人次；最后，是否需要指导亲子阅读，非常需要的136人，需要的164人，不需要的1人，随便的3人。

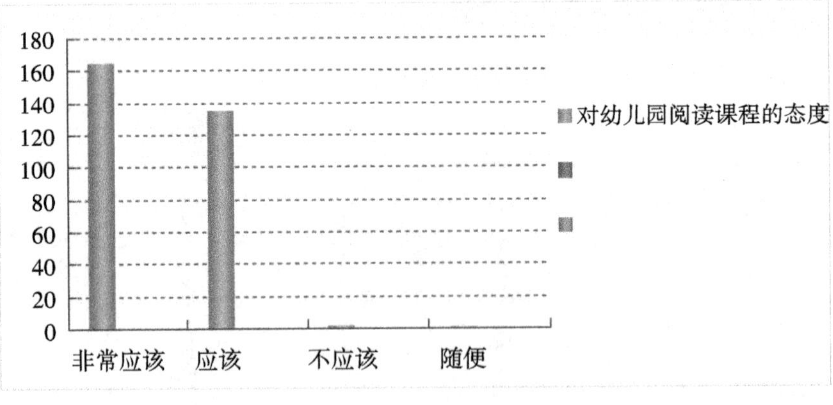

家长对幼儿园早期阅读课程开设的态度分析

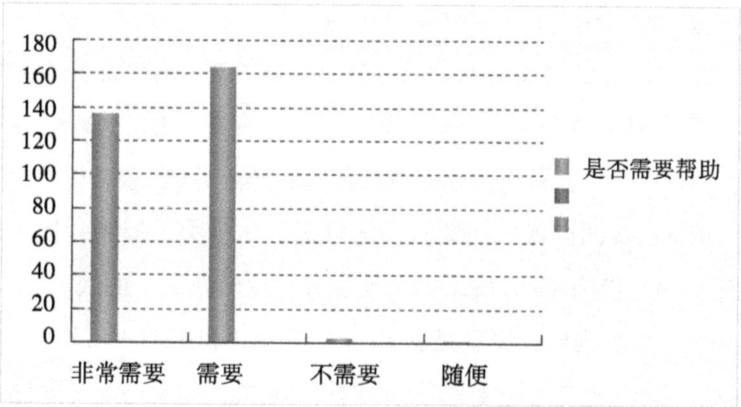

家长对亲子阅读指导的需求分析

（三）成效与问题

1. 家长对早期阅读价值的认识逐渐回归理性

首先，家长深刻认识到阅读教育的重要性。对早期阅读的重要性不仅功利地停留在识字层面上，更多的家长认为早期阅读能够提高幼儿语言表达能力，激发兴趣培养习惯，扩大知识丰富经验，在此基础上，通过早期阅读教育让幼儿认识一定数量的文字，为入小学奠定基础。

其次，亲子阅读是培养幼儿阅读习惯的重要途径。幼儿阅读能力不是靠幼儿园单方面培养的，家长也认识到家庭在幼儿早期阅读能力培养方面的积极作用。大部分家庭有一定亲子阅读活动，虽然数据显示不一定每一个家庭都能坚持每天亲子阅读，亲子阅读的时间不能保障等问题，但是总体分析，亲子阅读的状况是良好的。

最后，家长对幼儿园阅读课程的建构呈积极的支持态度。正是基于以上两点的认识，家长对以图画书建构幼儿园课程的态度很积极。家长的积极不仅体现在数据层面，在实践层面，家长能积极参与幼儿园的亲子共读、亲子共绘、亲子共记、亲子共演活动，还能积极参与到幼儿园阅读教学活动的设计过程中。

家长对早期阅读价值的认识逐渐回归理性，幼儿园与家长对幼儿在早期阅读培养的目标方面趋于一致。一与家长的学历背景有关；二与家长工作环境有关；三更得益于幼儿园多年来坚持开展早期阅读教育。

2. 家庭阅读氛围创设态度不尽如人意

首先不同年龄班家长购书意愿无显著差异。调查显示小班、中班、大班家长购书的意愿无显著差异，这一调查结果出乎调查者的意料。调查者认为，经过三年的幼儿园早期阅读教育的熏陶和感染，大班家长应更具有为幼儿购买大量图书，创设良好阅读氛围的意识。访谈中了解到："因为幼儿园每周免费给幼儿借阅图书，所以家长就省去了给幼儿买书的钱。""看幼儿园借的书和大厅中陈列的新书就足够了，所以家庭不再需要投入。"

其次家庭藏书状况与家庭收入并非正相关。数据显示，家庭月收入3000～6000元的117户，6000元以上的136户；家庭藏书20本以上的195户，20～50本的89户，50～100本的16户，100本以上的1户。家庭藏书反映了家庭阅读环境创设的情况，更反映出家长在实践层面对早期阅读教育的践行。以上数据显示，家庭阅读氛围的创设与家庭收入并非正相关，与家长阅读观念有极大关系。

研究者的困惑是，家长在思想上对早期阅读教育的高度重视与行动中家庭阅读环境创设的巨大差异。

3. 亲子阅读开展的质量急需提高

首先，坚持亲子阅读的主体是母亲。本科以上学历的母亲127人，母亲受教育的程度将在一定程度上影响对幼儿的教育。亲子阅读的主体是母亲，亲子阅读的时间相对能保障，不一定每天开展，但每周三次以上亲子阅读的家庭占大多数，亲子阅读的时间在10～30分钟的有210户。

其次，亲子阅读过程中功利性过强。亲子阅读过程中，发起阅读的主体通常是家长，这与幼儿还没有形成阅读习惯有关；在阅读过程中，家长通常会提出问题，而且还希望幼儿回答；阅读活动的结束也是遵从了家长的意愿。因此在整个亲子阅读的过程中，家长较少关注幼儿在亲子阅读中的自主性，功利性过强。

研究者的困惑是亲子阅读的积极推进与喜欢读书的幼儿在中班达到顶峰，大班人数有所下降之间的矛盾。

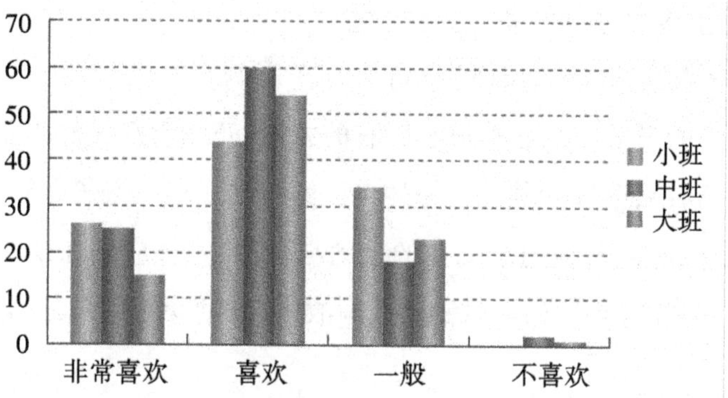

不同年龄班幼儿阅读兴趣分析

三、寻找以图画书为载体家园共读的良好对策

(一)幼儿园图画书教学与亲子活动目标应有差异

图画书教学和亲子阅读的最终目的都是为了培养爱阅读的幼儿,但具体目标应有所差异。幼儿园图画书教学有明确而具体的教学任务,要设定目标、围绕目标创设各种提问,最终实现目标;而家庭中的亲子阅读活动更应该让幼儿享受读书的过程,增进亲子感情。具体从以下几个方面谈。

1. 亲子共读应享受读书的过程

首先,基于幼儿读图特点选书。班伯格(Bamberger,1922)是最早研究儿童对图画书插图偏好的,他提供五种不同插图风格的神话故事让幼儿进行选择,结果发现幼儿比较喜欢插图颜色明亮的故事书;大一点的幼儿更容易接受轻柔的色彩和语调;所有幼儿都喜欢大的、居中的粗体,匀称、三维的形状。阿姆斯顿(Amerdon,1976)给60名学前儿童呈现配对图画,将主题设为常量,但变换颜色和风格,得出:“幻想性”的绘画作品比“忠实于生活”的作品更受欢迎,具有明亮色彩和黑的阴影的画比只有明亮色彩的画更受欢迎。

其次,基于情感交流为幼儿读书。松居直《我的图画书论》中谈到不停顿地念下去是家长为幼儿读图画书的一个原则。要在不知不觉中自然地与幼儿对话,这样的对话才有价值。打开图画书的封面,从听到“很久很久”的那一个瞬间,幼儿渐渐进入了故事的世界,通向了故事世界的旅途。即使故事结束,幼儿依然会停留在故事的世界里,展开自由想象的翅膀,在幻想的世界里翱翔，令自己的想象力更加丰富。

2. 亲子共绘应基于幼儿的原创

幼儿园的亲子共绘已偏离了已有的方向，已成为家长的作业与任务，而非幼儿在已有阅读经验基础上建构自己经验的过程。亲子共绘应追求幼儿自己的创作和表现，应追求幼儿的主动与自愿，家长应站在幼儿的身后，为幼儿准备丰富的绘画材料，鼓励幼儿写故事，鼓励幼儿用自己的方式去表达故事情景。

亲子共绘的作品始终应该属于幼儿，是幼儿这个时期的作品。作品的质量不是重要目标，重要的是在这一过程中让幼儿坚持自我完成，这才是这个世界上属于幼儿的独一无二的图画书。

3. 亲子共演应突出幼儿的自主创作

每年5月的图画书剧场有太多成人的因素，教师或者家长按照设计好的台词和动作教授给幼儿，在演出过程中，幼儿仅仅感受到了一丝上台的乐趣，却忽视了排练过程中幼儿应该得到的发展与进步，如幼儿自己创编剧情、自己布置舞台、自己制作道具等。幼儿自己创作的作品可能稚嫩，但幼儿会参与其中，感受排练到演出过程中点点滴滴的快乐，幼儿也一定会在这个过程中获得包括语言、人际交往、动手、认知等方面能力的发展。

（二）重视营造舒适的家庭阅读环境

陈鹤琴曾说，在国外不少地方，看书的环境到处皆是。试问我们中国的家庭怎么样？我们的社会怎么样？没读过书的固然可以不说，但是读过书的，又怎么样？不少受过教育的男女出了学校之后，对于看书，也都没有大的兴味，好像书是属于学校的，于本身的职业，于本身的修养，于本身的娱乐，是没有多大关系的。所以，要幼儿喜欢阅读，家庭、社会、幼儿园都必定要先有阅读的环境。在家庭里，做父母的，自己一天，总要看看书，看看报；对于幼儿，也应当买给他各种相当的儿童读物。开始的时候，做父母的还应当好好地指导他，引起他的兴趣，使他喜欢阅读。

（三）亲子阅读的方式应由高控走向自主

对于幼儿来说，看着图画书，一个人沉浸在幻想世界的这一刻，正是他们与图画书的故事世界融为一体的一刻，也是幼儿真正阅读图画书的一刻。性急地让幼儿读图画书的文字、教幼儿读图画书中文字的家长，其实是在破坏图画书对幼儿起的真正作用，是在剥夺幼儿读图画书时所感受到的真正乐趣。因此，在亲子阅读的过程中，家长和幼儿要享受亲子共读的快乐，感受图画书的情节，品味图画书画面的丰富，体会图画书的幽默。成人一定要理解幼儿读图画书与成人的不同，鼓励幼儿沿着自己读图的思路阅读。从选书到读书到结束都应该真正做到以幼儿为本，理解和尊重幼儿。

洛克在其《教育漫话》中谈到，最大的尊重应属于儿童，教育就是理智克服欲望；蒙台梭利《童年的秘密》中指出，儿童乃成人之父；陈鹤琴的《家庭教育》特别提出怎样培养小孩子的良好习惯，家长应成为幼儿的榜样，在尊重和理解的基础上，“慎之于始”，而且要“慎之于终”去培养幼儿良好的阅读习惯。

第七章 案例分析

本章是基于前文所述进行的案例分享。本案例以前文所述有关图画书的基本理念为理论基础，以《3-6岁儿童学习与发展指南》的目标要求为依据，以培养乐运动、爱阅读、愿交往、喜探究、善欣赏的幼儿发展目标为核心，从图画书图文特点分析入手，生成月主题教学活动网络图，形成五大领域教学活动案例。在教学活动案例的设计过程中，特别注重五大领域内容之间的渗透与融合，特别强调领域教学活动与游戏活动的关联与衔接，特别关注图画书在领域教学活动与游戏活动实施过程中的阅读与运用。

本案例是基于图画书开展幼儿园教育活动的实践研究成果之一，兰州城市学院实验幼儿园的王雪等老师设计实施的《噘嘴巴的大头鱼》是基于图画书开展主题教学活动的全面展现，包括图画书内容简介、图画书的图文分析、教学活动目标的确定、主题网络图的生成、幼儿园班级周计划的制订和五大领域教学活动的设计，体现了理论与实践的结合，反映了研究的过程，梳理了研究的成果，希望对同行和家长有所裨益。

有时候，轻轻一吻足以改变世界

——透过《噘嘴巴的大头鱼》和幼儿一起传递快乐

实施班级：中一班　　　实施日期：2016年9月

资料整理：王雪　王芳　余雅婷

一、图画书简介

这是一本微缩了海洋一隅众多海底居民的图画书，讲述了海底一段不为人知但颇具戏剧性的故事。故事要从封面这位大头鱼先生说起，仅仅因为长着一张标志性的噘嘴巴，它颇有些无辜地成为忧郁沉闷的、慵懒乏味的代言人，终日在海底无精打采地噘着嘴巴游弋。作者用层层展开、设计精巧的故事，以及对比微妙却又斑斓丰富的画面，不经意地传达着主题：改变视角，世界从此不同。这本书的魅力在于它是快乐的、童真的，满足了幼儿对故事、对想象的渴望，同时，它又生动地给教师以启迪，提醒教师应该怎样看待幼儿身上的特别之处。

二、作者介绍

噘嘴巴的大头鱼

作　者：德博拉·戴森

绘　者：丹·汉纳

译　者：孙慧阳

出版社：二十一世纪出版社

主　题：做一个快乐的传递者

德博拉·戴森，目前就职于一家小型公益组织，曾做过图书管理员和书商。本书是他的处女作，荣获2009年美国《纽约时报》年度最佳畅销童书，

2009年美国银行街年度最佳童书。与此书同系列的读本还有《大头鱼上学记》《大头鱼深海寻宝记》。绘图者丹·汉纳已拥有超过十年的动画产业从业经历，他的作品已在美国BBC及卡通网络播出。

三、图文分析

大海深处，大头鱼先生终日噘着嘴巴，愁眉苦脸地游来游去。周围的朋友们能使他重新快乐起来吗？他的大嘴巴会永远噘着吗？一位朋友突然出现，这会给他带来什么收获呢？来吧，随着噘嘴巴的大头鱼一起在大海中游历，共同去发现，其实他并非天生注定不快乐。海底缤纷的色彩与韵味十足的语言一起描绘出这则妙趣横生的鱼世界中的故事。读完，相信再愁眉不展的面孔也会重新展开笑颜。

（一）文字表述

好的图画书每页的安排都有用意。首页文字，便是从大海深处游弋的鱼儿们着笔，聚焦到大头鱼和他的噘嘴巴上来。在译的过程中，整体上结合原文语境：文字叙述的部分，偏重“文”；对话部分，偏重“白”。

首先教师是以朗读的声音激活文字、激活故事的，而幼儿则是“双声道”阅读“听觉+视觉”——听着文字的讲述，视线关注在画面上，将图文信息对接起来。

其次在图画书中大头鱼对自己的定义：“我是噘嘴巴大头鱼，长着噘嘴巴大头脸，把忧郁无聊到处转。”大头鱼自述性打油诗的处理很好，幼儿很喜欢听，很容易记。这并非译者的特殊处理，原文的部分也是押韵的，使幼儿读起来朗朗上口。

最后当有新的海底动物出现时，图画书文字中都会出现各种形容词，很形象地表现出了海底动物的外形特征及肢体动作。如：“蛤蜊游了过来，她咧开大嘴迷人地笑着，正有一条珍珠般珍贵的建议，要讲给大家听。”这段文字的表述充分体现了蛤蜊的外形特征并让幼儿感受到了这个建议的珍贵。图画书开始部分大头鱼对自己评价，“我是噘嘴巴大头鱼，长着噘嘴巴大头脸，把忧郁无聊到处转”，最后变成了“我是翘嘴巴的大头鱼，长着翘嘴巴亲亲脸，专门把喜悦和快乐到处传”。朗读时让人很自然表现出不同的语气、语调，语言上的变化让幼儿也深深地感受到了噘嘴巴和翘嘴巴给人带来的不同感受。教师重点在于引导幼儿在欣赏图画书文字时感受其文学美，从而引导幼儿欣赏或模仿文学作品的语言节奏和韵律。

（二）图像表达

1. 开本与装帧

开本是表示图画书幅面大小的一个行业用语，图画书的开本有大有小，小的不过巴掌大小，大的有时候甚至超过半张报纸。设计者之所以会把图画书的开本设计成各种各样，主要还是基于对读者对象与内容的考虑，只有确定了开本的大小才能根据设计的意图确定版心、版面的设计、插图的安排和封面的构思，分别进行设计。此图画书采用了12开接近正方形的开本，体现了图画书设计的比例美，方便了幼儿阅读。它的各个部位都处理得很好，不会对幼儿造成伤害。此图画书充分考虑到了幼儿的阅读方便性、使用安全性以及艺术教育意义。

此图画书为精装版，硬硬的封皮，厚厚的铜版纸正文，看上去很精美，又能体现文学作品的美。

2. 结构与构图

图画书的设计是从封面、环衬、扉页、正文到封底的一个完整的整体设计，注重文字和图画的依存关系，图画和画图的连贯性，像电影镜头一样通过翻页来推进故事情节。

封面：一本书首先映入读者眼帘的是它的封面，所以向来讲究的书籍都是精心设计封面和版式装帧的。一般而言，图画书的封面取自书里面的某一幅画，而这幅画往往是这本书的精华所在。《噘嘴巴的大头鱼》这本书封面上直接出现了一条噘着嘴巴的大头鱼，通过封面就可以让幼儿猜测大意，产生期待；激发兴趣，乐于阅读。究竟是怎样一个故事？为什么它会噘着嘴巴？封面上除了画之外，在很显眼的故事名字下面还出现了作者、译者、出版社等信息，这些对于幼儿阅读都是不可忽视的地方。

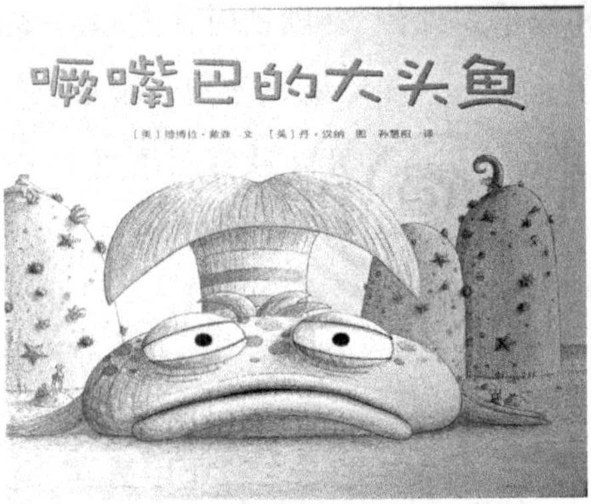

环衬：打开封面之后，我们会看到封面与书芯之间有一张衬纸，这就是环衬，又称为蝴蝶页。淡蓝色的设计，独具匠心地体现了海底的清澈、透亮。

扉页：翻过蝴蝶页之后，我们便看到了扉页。扉页上写着书名、作者和绘者以及译者和出版社。仔细看，其中包含着丰富的信息，它告诉幼儿这本书的主人公是谁，发生了什么事。扉页中上方一群鱼儿游向一个方向，其中就有这条嘬着嘴巴的大头鱼。它们将游向哪里？途中会遇到谁？它们之间会说些什么？为后面的故事埋下伏笔与暗示，仿佛大戏开演前的锣鼓声响，为正文做好了铺垫与情境的营造，让我们产生往下继续阅读的欲望。

正文：翻过扉页，总算到了正文，图画书的主体部分开始逐渐呈现。

封底：当教师与幼儿读完一本书之后，合上书时，封底也是不容错过的。封底上的信息有时非常丰富，可能是这本书的简介与导读，也可能是这本书的推介与评论。而这本书的封底与封面相呼应，需要与封面连在一起欣赏和讨论。仔细看，封面和封底其实是一个场景，只是角度不同，视觉也不同，暗示教师与幼儿改变视角，世界从此不同。总之，合上书，不是一个结束，很可能是另一个开始，新一轮阅读的起点。

构图：在图画书中，构图是指在一定的空间安排和处理人、物的关系和位置，把个别或局部的形象组合成一个整体。书中画面以整—分—整的形式展现出来，每一页画面在视觉中心上往往都是精心安排的。整体的一页视觉中心都是大头鱼和它的朋友，故事发生的大场景以远景的方式呈现。而拆分开的则都是以近景方式呈现，将大头鱼离开朋友后的沮丧心情表现得淋漓尽致。无论封面正面平视或是封底背面的呼应，无论内页全景的开阔或特写的聚焦，大小读者的视觉与想象一同穿行在海底岩石与海草丛林间。大头鱼的内心状态，在每一页的画面中，通过绘者的图画再次诠释，随着噗噜噜吐气泡的声音，大头鱼像泄了气的皮球瘫软在海底。鱼群四散游开，洞中小沙虫冒出头来这一消一长间，故事完成了序幕的部分，第二幕大戏——要开场了。内容不一样，但重复出现的构图，使幼儿的视点与故事主人公的视觉合二为一，具有更强的视觉冲击力。

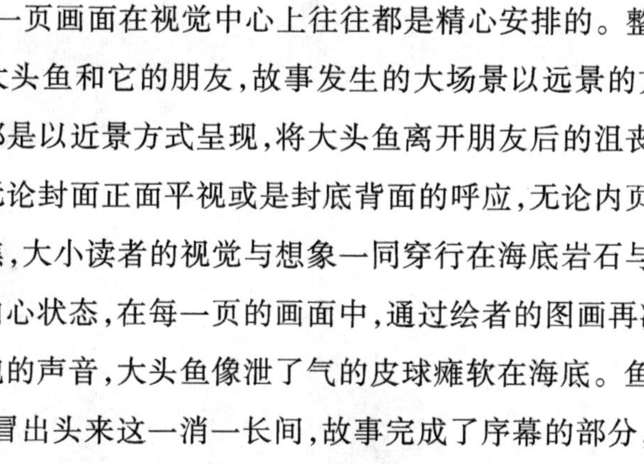

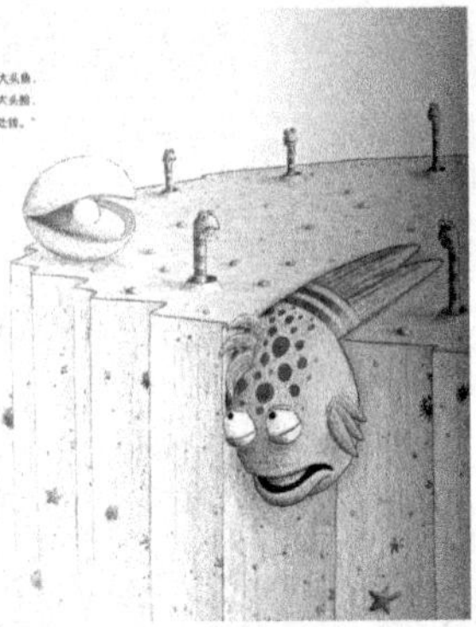

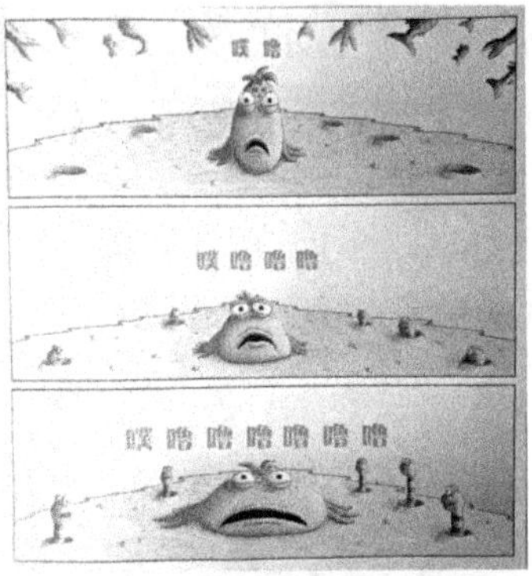

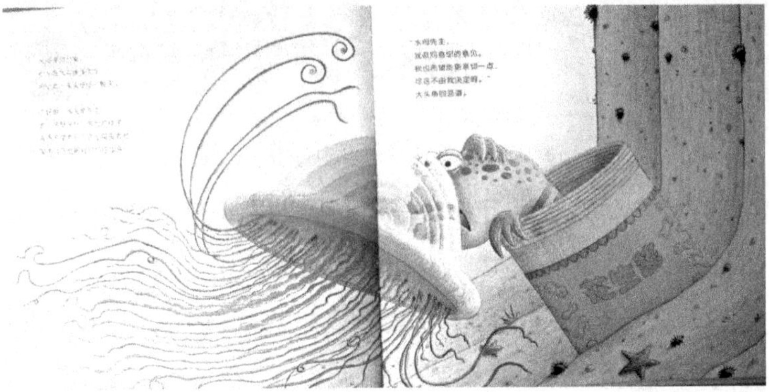

3. 造型与色彩

通览全书，插画家对色彩的选取、对比色渐变配搭的运用，加之色彩浓淡渐变的晕染，将海底世界的五彩斑斓、海水的清亮通透再现于书页，宛若一幅立体于纸面上的海底沙盘。整体的明亮之感，与大头鱼的忧郁内心形成强烈对比，也有巧妙暗示结局之意。画面中，画满不难，做减法，是需要思量的。画面海水的蓝色，上浅下深，将海水的深度、光感立体地在平面的纸页上呈现出来。

背景中略去对海洋环境的细致描摹，故事的主角——鱼们更为突出。插画家笔下的鱼儿们，表情生动、鲜明，肢体语言形象、活泼，便于幼儿敏锐地捕捉此番颇具动感的呈现与文字叙述的进度呼应。

4. 细节与笔触

在画面细节上，画者也对每一笔做出了很好的处理。此图画书将图文信息对接起来，鱼群游动的方向、鱼们视线的方向，正是书页翻开的方向，吸引读者沿着鱼群的视线望过去。如果鱼群向左游，翻页的感觉就会很奇怪。从画面中的眼神里，你读出了怎样的心情？场景随大头鱼的游动，再次切换，这一次是海草区。看似木呆呆的大头鱼，实则，一直在通过眼神与我们对话。小心翼翼，它其实非常在意朋友。一边游走，一边还在观察对方的反应。最后一幅里，大头鱼又看到了什么？故事的前一页，为后一页的内容埋下伏笔。没有文字的提醒，过渡得不着痕迹。

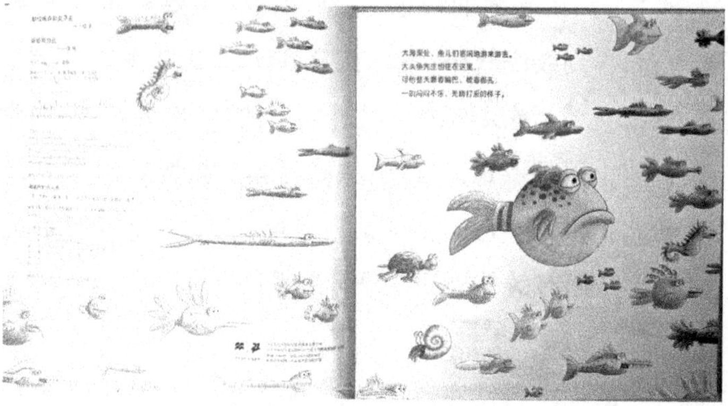

读这本书，让我们觉得很美，而且情绪的流动也很强烈，心底一些沉淀的负面的东西似乎都要流出来了，飞走了，原因很简单，因为爱。

四、透过图文信息生成五大领域教学内容

（一）教学活动内容之生成

1. 语言领域

(1)能结合情境感受到不同语气、语调所表达的不同意思。

(2)鼓励幼儿依据画面线索讲述故事，大胆推测、想象故事情节的发展，改变故事部分情节或续编故事结尾。

(3)引导幼儿学会认真倾听。

(4)愿意与他人交谈，喜欢谈论自己感兴趣的话题。

根据《指南》中所提出的目标，结合绘本《噘嘴巴的大头鱼》，教师设计了本月四个语言领域教学活动——“噘嘴巴的大头鱼”“为海洋动物配音”“没有结束的故事”“大头鱼和我的快乐”。活动内容主要从初步理解故事内容到熟悉故事内容，再到续编故事，最后提升到谈话活动、讲述活动，各活动之间联系紧密、由易到难、层层递进。通过以上活动，幼儿能够对图画书有深入的理解，语言能力得到一定的发展，并能延续到教育戏剧当中。以教育戏剧为媒介，为幼儿提供真实而丰富的语言环境，创设可以帮助幼儿运用语言交流的交往情境，从而有效促进幼儿语言的发展。

2. 社会领域

(1)知道自己的优点和长处，并对此感到满意。

(2)能注意到别人的情绪,并有关心、体贴的表现。

(3)引导幼儿学习用平等、接纳和尊重的态度对待差异。

(4)结合具体情境,指导幼儿学习交往的基本规则和技能。

根据《指南》中所提出的目标,结合图画书《噘嘴巴的大头鱼》,教师设计了本月四个社会领域教学活动——“做一个快乐的传递者”“感受快乐”“独特的我”“友好相处真快乐”。故事中的大头鱼就因为长着一张标志性的噘嘴巴,无辜地成为忧郁沉闷、慵懒乏味的代言人,最糟糕的是连它自己也这样认为了。联想到生活中很多幼儿常常因为发现不了自己的长处、优点而表现出内向、不自信,所以教师有必要用不同的方式鼓励和引导幼儿发现自己的优点,学会接纳自己。另外,图画书中海底动物之间的相处方式也告诉了幼儿,朋友之间一定要互帮互助,友好相处。

3. 科学领域(科学探究)

(1)能感知和发现动植物的生长变化及其基本条件。

(2)能用图画或其他符号进行记录。

(3)有意识地引导幼儿观察周围事物,学习观察的基本方法,培养观察与分类的能力。

根据《指南》提出的目标,教师设计了四个教学活动:“认识大头鱼”“海洋动物的奥秘”“美丽的海洋植物”“海洋生物的种类”。大海是内陆地区幼儿向往却又不常看到的,海底动物也是幼儿非常感兴趣的,所以教师以海底动植物为主线设计教学内容,主旨在于发展幼儿初步的探究能力,了解海底动植物的特性。活动中教师鼓励幼儿通过观察图片、观看视频等方式了解大海中动植物的生长变化及其基本条件,并尝试用图画或其他符号进行记录。幼儿在熟知海底常见动植物的基础上,尝试进行简单的分类、概括,如:根据运动方式给动物分类,根据生长环境给动植物分类,根据外部特征给动植物分类等。

4. 科学领域(数学认知)

(1)引导幼儿观察发现按照一定规律排列的事物,体会其中的排列特点与规律,并尝试自己创造出新的排列规律。

(2)能通过实际操作理解数与数之间的关系，如5比4多1，2和3合在一起是5。

(3)能用简单的记录表、统计图等表示简单的数量关系。

根据《指南》中提出的目标，教师设计了四个科学领域活动："海洋宴会""鱼小姐的邻居们""小小统计员""生活中的数字朋友"。为了激发幼儿兴趣，教师借助图画书中幼儿感兴趣的海底动物，鼓励幼儿在对自然事物探究和运用数学解决实际生活问题的过程中，通过初步尝试归类、排序、判断、推理，获得丰富的感性经验，充分发展形象思维，而且逐步发展其逻辑思维能力，为其他领域的深入学习奠定基础。

5. 艺术领域(美术)

(1)欣赏艺术作品时会产生相应的联想和情绪反应。

(2)愿意参加歌唱、律动、舞蹈、表演等活动。

(3)能用绘画、捏泥、手工制作等多种方式表现自己的所见所想。

(4)能运用绘画、手工制作等表现自己观察到或想象的事物。

根据《指南》中提出的目标，教师设计了本月四个教学活动："漂亮的大头鱼""快乐的海洋动物""美丽的海洋世界""刮出美丽的海洋世界"。绘本中通过对色彩的选取、对比色渐变配搭的运用，以及色彩浓淡渐变的晕染，将海底世界的五彩斑斓再现于书页，宛若一幅立体于纸面上的海底沙盘。绘本中海水的蓝色上浅下深，将海水的深度、光感立体地在平面的纸页上呈现出来，这些美在书中体现得淋漓尽致。教师要引导幼儿学会用心灵去感受和发现美，用自己的方式去表现和创造美。所以，本月教师将鼓励幼儿用多种形式表现鱼、海底动植物，最后粘贴在海洋背景上，并以此作为戏剧表演背景布置，很好地与区域活动、戏剧活动融为一体。

(二)主题网络图之形成

嘛嘴巴的大头鱼

1. 能通过各种追逐、躲闪跑的游戏,发展幼儿的躲闪跑能力。
2. 理解故事内容,尝试续编故事,并能将自己续编的故事大胆讲述给他人。
3. 幼儿通过欣赏故事,体验快乐的重要性并能用正确的方式将快乐传递给他人。
4. 通过图片、视频,了解海洋动植物的外形特征及生活习性。
5. 为幼儿提供多种材料,支持幼儿进行自主绘画、手工、歌唱、表演等艺术活动。

健康领域	语言领域	社会领域	科学领域	艺术领域
“欢乐打地鼠” “过独木桥” “大家快跑”	“噘嘴巴的大头鱼” “为海洋动画配音” “没有结束的故事” “大头鱼和我的快乐”	“做一个快乐的传递者” “感受快乐” “独特的我” “友好相处真快乐”	“认识大头鱼” “海洋动物的奥秘” “美丽的海洋植物” “海洋生物的种类” “海洋宴会” “鱼小姐的邻居” “小小统计员” “生活中的数朋友”	“漂亮的大头鱼” “快乐的海洋动物” “美丽的海洋世界” “刮出美丽的海底世界”

第一周："发现快乐"	第二周："感受快乐"	第三周："传递快乐"	第四周："创造快乐"
语言活动："噘嘴巴的大头鱼" 社会活动："做一个快乐的传递者" 数学活动："海洋宴会" 科学活动："认识大头鱼" 美术活动："漂亮的大头鱼"	语言活动："为海洋动画配音" 社会活动："感受快乐" 数学活动："鱼小姐的邻居" 科学活动："海洋动物的奥秘" 美术活动："快乐的海洋动物"	语言活动："没有结束的故事" 社会活动："独特的我" 数学活动："小小统计员" 科学活动："美丽的海洋植物" 美术活动："美丽的海洋世界"	语言活动："大头鱼和我的快乐" 社会活动："友好相处真快乐" 数学活动："生活中的数朋友" 科学活动："海洋生物的种类" 美术活动："刮出美丽的海底世界"

⇩

区域活动目标：

1.阅读区：通过区域阅读活动，鼓励幼儿能将听过的或看过的故事讲给别人听。

2.科学区：幼儿通过操作，尝试根据外形特征及生长环境给海洋动植物分类，并尝试进行简单排序、统计。

3.益智区：通过玩各种棋类，激发幼儿参与集体活动的兴趣。

4.美工区：幼儿利用各种材料布置海底世界背景，培养幼儿动手操作能力。

区域活动材料投放：

1.阅读区：投放海洋动物及海洋植物的相关书籍，供幼儿阅读。

2.科学区(探究)：投放关于海洋生物的拼图，幼儿分组进行拼图游戏；投放浮游生物、游泳生物、底栖生物的图片，幼儿进行海洋生物分类。

3.科学区(数学)：投放积木、雪花片、废旧水彩笔、废旧瓶盖等材料，幼儿自由排序；投放数字卡片、扑克牌，幼儿进行相邻数游戏。

4.益智区：投放各种棋类及海底迷宫。

5.美工区：投放剪刀、水彩笔、蜡笔、彩纸、双面胶、固体胶等材料，幼儿通过画、剪、贴、粘等形式制作自己喜欢的海洋生物；投放彩色黏土，幼儿自由捏出海洋动物造型；投放刮画纸供幼儿进行刮画创作。

6.戏剧表演区：投放海洋生物头饰、海洋世界背景供幼儿表演。

(三)周计划表之制订

第一周周计划

内容＼时间		星期一	星期二	星期三	星期四	星期五
本月活动主题		“噘嘴巴的大头鱼”				
本周活动主题		“发现快乐”				
入 园	7:40—8:20	1. 教师用饱满的热情接待家长和幼儿来园，对情绪不好的个别幼儿进行安抚。 2. 幼儿能安静地与同伴一同看书，看完书后能将书籍有序地放回原处。				
进餐、饮水	8:20—9:00 10:00—10:30 11:10—12:00 14:50—15:00 16:50—17:40	1. 提醒幼儿不挑食、细嚼慢咽，养成良好的用餐习惯。 2. 提醒幼儿有序排队如厕。 3. 排队轮流洗手，不玩水，方法正确，并用自己的小毛巾擦手。				
集体教学活动	9:00—9:30	科学领域（探究）“认识大头鱼”	语言领域“噘嘴巴的大头鱼”	艺术领域“漂亮的大头鱼”	社会领域“做一个快乐的传递者”	科学领域（数学）“海洋宴会”
与经典为伴	9:30—10:00	经典绘本	经典故事	经典音乐	经典电影《七色鹿》	经典儿歌
户外游戏活动	10:30—11:10	沙滩挖沙	一起去探险	滑滑梯	寻找宝藏	勇敢的小战士
午 睡	12:00—14:30	1. 幼儿在寝室能保持安静，并将衣物叠放整齐。 2. 教师能随时关注幼儿午睡情况，提醒幼儿平躺或侧卧入睡。				
转换环节	14:30—15:10	教师投放区角材料，结束后幼儿自主整理。				
表现性活动区 探索性活动区 欣赏性活动区	15:10—16:00	名称	美工区	材料	剪刀、彩泥、画纸、水彩笔等	
			科学区		海底生物的多种图片、海洋植物的拼图	
			建构区		积木、拼搭木条	
			阅读区		海洋动物的相关书籍	
户外民间游戏	16:00—16:50	挖沙乐	跳方格	滑滑乐	木头人	老鹰捉小鸡
离 园	17:40—18:00	保持仪表整洁，主动和教师、同伴道别，跟随家长安全离园。				

(四)教学活动之设计

第一周活动主题:“发现快乐”

活动一:

◆ **活动名称:**“认识大头鱼”

◆ **活动领域:**科学领域

◆ **活动目标:**

1. 幼儿通过观察图片、视频,了解大头鱼的形态特征及生活习性。

2. 幼儿初步了解大头鱼的主要价值。

◆ **活动准备:**

1. 物质准备:大头鱼图片、大头鱼的相关视频。

2. 经验准备:幼儿在活动前与家长一同查阅有关大头鱼的资料、视频。

◆ **活动过程:**

一、出示图画书封面,引起幼儿兴趣

1. 教师出示《噘嘴巴的大头鱼》绘本封面,幼儿欣赏。

2. 提问:你们见过这样的鱼吗? 在哪里见过?

二、观看图片、视频,了解大头鱼的外形特征及生活习性

1. 观看图片,幼儿观察,描述大头鱼的外形特征。

提问:小朋友们,它跟我们平时看到的鱼一样吗? 它有什么特别的地方吗?

教师小结:这种鱼身体侧扁,头极肥大、口大,下颌稍向上倾斜,所以,我们称它为大头鱼。

2. 观看视频,幼儿初步了解大头鱼的栖息环境及生活习性。

提问:(1)大头鱼生活在什么样的环境里?

(2)它都吃些什么呢?

教师小结:大头鱼性温驯,不爱跳跃,行动较迟缓。生活在水体的中上层,具有河湖洄游习性,平时多生活在有一定流速的江湖中。他主要吃轮虫、枝角类、桡足类(如剑水蚤)等浮游动物和原生动物,也吃部分浮游植物(如硅藻和蓝藻类)和人工饲料。大头鱼的鳃毛较大,主要以水中微生物为食，有时鱼虫小虾也照吞不误。

3. 观看视频，幼儿初步了解大头鱼的主要价值。

提问：大头鱼有什么价值呢？

教师小结：大头鱼有丰富的营养价值，我们除了可以食用它以外，它还有药用价值，可以用它做药材。

◆ **活动延伸：**

明天我们将一起分享一个关于大头鱼的故事，让我们一起期待吧！

活动二：

活动名称："噘嘴巴的大头鱼"

活动领域：语言领域

◆ **活动目标：**

1. 初步理解故事内容，并尝试将自己的想法较完整地表述出来。

2. 引导幼儿在集体活动中倾听他人讲话。

◆ **活动准备：**

轻音乐、《噘嘴巴的大头鱼》图画书人手一本。

◆ **活动过程：**

一、图片导入，引出故事主人公。

提问：小朋友们认识它吗？请你们说一说它的外形特征及生活习性。

二、欣赏绘本，幼儿初步理解故事内容。

1. 幼儿随轻音乐自主阅读绘本。

提问：这本书讲了一个什么样的故事呢？

2. 教师幼儿共同观看PPT，逐页欣赏绘本。

提问：(1)它是一条什么样的鱼呢？为什么它会闷闷不乐呢？

(2)接下来它会遇到谁呢？它们之间会说些什么？

(3)你喜欢鱼小姐吗？为什么？

三、教师幼儿共同完整欣赏故事。

1. 教师完整讲述故事，幼儿欣赏。

2. 幼儿自主交流图画书内容。

活动三：

活动名称："漂亮的大头鱼"

活动领域：艺术领域

◆ **活动目标：**

1. 通过欣赏图画书中大头鱼的表情及形态，初步尝试给大头鱼画像。

2. 喜欢参与美术活动，体验绘画的乐趣。

◆ **活动准备：**

图画书《噘嘴巴的大头鱼》PPT、音乐、画纸、水彩笔。

◆ **活动过程：**

一、图片导入，观察大头鱼表情、动作变化。

1. 教师出示图画书中图片，引导幼儿观察大头鱼的表情及形态。

提问：(1)大头鱼的表情是什么样的？

(2)它的表情与之前相比有什么变化吗？

(3)它做了一个什么样的动作？

教师小结：原来不同动物来跟大头鱼打招呼时，大头鱼都会表现出不一样的表情及动作，有时候瞪大眼睛，有时候噘起嘴巴，有时候无精打采。

2. 教师展示图画书中典型的图片，幼儿观察。

二、幼儿尝试，大胆作画。

1. 幼儿自主讨论，要画一条什么表情、做什么动作的大头鱼。

2. 幼儿大胆尝试作画，教师巡回指导。

三、欣赏作品，分享交流。

分享交流：邀请幼儿说说自己画的大头鱼表情是什么样的？

为什么它表现出这样的动作和表情呢？

◆ **活动延伸：**

你们想不想做一条这样的大头鱼呢？下次活动我们将今天画好的大头鱼制作成一个头饰来佩戴。

活动四：

◆ **活动名称**："做一个快乐的传递者"

◆ **活动领域**：社会领域

◆ **活动目标：**

1. 通过故事让幼儿在听听、看看、想想、说说的基础上发现使人快乐的方式。

2. 尝试去关心周围的人，初步体验当把快乐带给别人的同时自己也能得到快乐。

◆ **活动准备：**

《噘嘴巴的大头鱼》图画书人手一本、音乐、微笑卡片。

◆ **活动过程：**

一、自主阅读，引发幼儿兴趣。

教师幼儿共同随音乐自主阅读。

二、回顾故事内容，了解大头鱼变快乐的原因。

1. 教师与幼儿共同回顾《噘嘴巴的大头鱼》，引导幼儿发现大头鱼前后情绪的变化。

提问：(1)大头鱼为什么会闷闷不乐呢？

(2)你觉得大头鱼快乐起来的原因是什么呢？

(3)当大头鱼变快乐的时候，你心里有什么样的感觉呢？

教师小结：看到大头鱼变快乐后我们也变得快乐了起来，原来快乐是可以传递的，当我们把快乐带给别人的同时自己也能得到快乐。

三、拓展思维空间，发现传递快乐的方式。

1. 出示图片，幼儿讨论传递快乐的方式。

2. 提问：我们可以用什么样的方式传递快乐呢？

教师小结：我们可以用微笑、拥抱、握手、语言、交换礼物等方式使别人快乐起来，别人快乐的同时我们自己也得到了快乐，所以我们要把快乐传递给身边的每一个人，做一个快乐的传递者。

活动五：

◆ **活动名称：**“海洋宴会”

◆ **活动领域：**科学领域(数学)

◆ **活动目标：**

1. 引导幼儿发现物体的排列规律，尝试创造出新的排列规律。

2. 通过观看图片，发现有规律的排列给我们的生活带来的美。

◆ 活动准备：

图片、穿线材料若干、条形卡纸若干、贝壳、小鱼虾图片若干、轻音乐等。

◆ 活动过程：

一、回顾图画书，引出主题。

1. 教师：今天大海举办宴会，海洋动物们一起装饰了宴会场地背景。

提问：小朋友们你们发现了什么规律呢？

2. 教师小结：像这样我们把事物有规律、反复排队的方法叫作排序。

二、出示多种材料，幼儿体验不同排列方法。

1. 出示材料，提出要求。

(1)为了宴会，乌贼特意去商店想购买漂亮的项链和美丽的裙子，它想请小朋友们为她设计出漂亮的项链与裙子。

(2)大海邀请了螃蟹来参加宴会，螃蟹最喜欢吃小鱼虾了，大海准备了很多大小不一的鱼虾，请小朋友们为大海摆放出鱼虾拼盘来迎接螃蟹。

(3)为了宴会场地更加漂亮，贝壳们也来帮忙，请小朋友们用它们布置宴会场地。

2. 幼儿分组操作，教师巡回指导。

三、幼儿操作结束，教师与幼儿分享交流。

1. 教师和幼儿共同围成大圈，欣赏幼儿作品。

2. 幼儿之间互相交流排列规律。

◆ 活动延伸：

教师出示生活中有排列规律的图片，幼儿观察，发现生活中的规律美。

第二周周计划

内容 \ 时间		星期一	星期二	星期三	星期四	星期五
本月活动主题		“噘嘴巴的大头鱼”				
本周活动主题		“感受快乐”				
入 园	7:40—8:20	1.教师用饱满的热情接待家长和幼儿来园，对情绪不好的个别幼儿进行安抚。 2.幼儿能安静地与同伴一同看书，看完书后能将书籍有序地放回原处。				
进餐、饮水	8:20—9:00 10:00—10:30 11:10—12:00 14:50—15:00 16:50—17:40	1.提醒幼儿用餐时保持桌面干净，养成良好的用餐习惯。 2.幼儿能够养成饭前便后主动洗手的好习惯。 3.提醒幼儿不要在盥洗室打闹、玩水。				
集体教学活动	9:00—9:30	语言领域 “为海洋动画配音”	科学领域 （探究） “海洋动物的奥秘”	艺术领域 “快乐的海洋动物”	社会领域 “感受快乐”	科学领域 （数学） “鱼小姐的邻居”
与经典为伴	9:30—10:00	经典绘本	经典故事	经典音乐	经典电影 《海底总动员》	经典儿歌
户外游戏活动	10:30—11:10	海底动物的世界	大头鱼快跑	滑滑乐	鲨鱼来了	保护鱼小姐
午 睡	12:00—14:30	1.幼儿在寝室能保持安静，并将衣物叠放整齐。 2.教师能随时关注幼儿午睡情况，提醒幼儿平躺或侧卧入睡。				
转换环节	14:30—15:10	教师投放区域活动材料，幼儿自主选择自己喜欢的区域活动进行游戏。				
表现性活动区 探索性活动区 欣赏性活动区	15:10—16:00	名称	美工区	材料	剪刀、彩泥、画纸、水彩笔、一次性餐盘等	
			科学区		海底生物的多种图片、海洋植物的拼图	
			建构区		积木、拼搭木条、奶粉罐	
			阅读区		海洋植物的相关书籍	
户外民间游戏	16:00—16:50	挖沙乐	摸瞎子	打沙包	丢手绢	老鹰捉小鸡
离 园	17:40—18:00	保持仪表整洁，主动和教师、同伴道别，跟随家长安全离园。				

第二周活动主题:“感受快乐”

活动一:

◆ **活动名称:**“为海洋动画配音”

◆ **活动领域:**语言领域

◆ **活动目标:**

1. 根据画面内容,尝试用恰当的语气、语音、语调为《噘嘴巴的大头鱼》中的角色配音。

2. 感受配音活动带来的乐趣。

◆ **活动准备:**

1. 知识经验准备:幼儿已看过动画片《海底总动员》。

2. 物质准备:多媒体课件。

◆ **活动过程:**

一、故事导入,激发幼儿兴趣。

1. 教师以夸张的口吻讲述故事《噘嘴巴的大头鱼》,幼儿感受语气语调的不同带给我们的不同感受。

2. 引出配音游戏。

二、欣赏无声的电影小片段

1. 观看无声电影片段。

(1)这个电影和我们平时看的电影有什么不一样?

(2)如果我们想知道他们说了些什么怎么办呢?

2. 教师示范为无声电影片段配音,引导幼儿了解配音的要求。

3. 幼儿尝试为无声电影片段配音。

(1)集体配音。

(2)个别配音。

提问:你觉得他们配音配得好吗?好在什么地方?教师再次强调配音的基本要求。

三、为动画片《海底总动员》中的片段配音

1. 欣赏该片段的有声画面,初步了解角色以及角色间的对话。

提问:片段里有谁?他们说了些什么?

2. 定格欣赏该片段的无声画面，进一步了解画面内容，体现角色对话的特点。

3. 集体尝试完整地为这个片段配音。

4. 自选角色完整配音。

◆ 活动延伸：

在平时的生活中尝试为自己喜欢的其他动画片配音。

活动二：

◆ 活动名称："鱼小姐的邻居们"

◆ 活动领域：科学领域(数学)

◆ 活动目标：

1. 幼儿通过操作了解相邻数，掌握5以内各数的相邻数。

2. 初步尝试说出相邻数多1或少1的关系。

◆ 活动准备：

PPT、海底动物头饰、海底动物卡片、数字卡片。

◆ 活动过程：

一、谈话导入，引出相邻数。

1. 教师出示海底动物小房子，幼儿将绘本中海底动物粘贴在各个房子里。

2. 幼儿发现海底动物的邻居们。

二、幼儿操作，认识相邻数。

1. 教师：图画书中所有海底动物都有了自己的房子，可海底动物的房子还没有门牌号呢，他们的朋友来找他们玩，认错门可不好，怎么办呢？

2. 老师将1～5的数字随意贴到房子上，引导幼儿发现问题。

3. 请幼儿重新排列1～5的位置，并说出它们的邻居。

4. 认识1～5的相邻数，进一步理解相邻数的含义。

教师小结：在从小到大依次排列的自然数中，一个数前面和后面与其相邻近的两个数就是该数的相邻数。

提问：(1)这些小动物的邻居分别都是谁呢？

(2)大头鱼住在几号房子里呢？那2的邻居应该是谁呢？

(3)那3、4、5的邻居呢?

三、通过游戏,引导幼儿说出相邻数多1或少1的关系。

1. 幼儿佩戴头饰,进行游戏。

2. 幼儿发现并说出多1或少1的关系。

◆ **活动延伸:**

提供丰富材料,投放在区域活动中,方便幼儿巩固相邻数知识。

活动三:

◆ **活动名称:**“快乐的海洋动物”

◆ **活动领域:**艺术领域

◆ **活动目标:**

1. 幼儿在欣赏图画书《噘嘴巴的大头鱼》的基础上,尝试用粘贴、拓印、线描的形式装饰海底动物。

2. 鼓励幼儿大胆创作,体验美术活动带来的快乐。

◆ **活动准备:**

各种鱼的图片、PPT、音乐、蜡笔、画纸、剪刀、固体胶、拓印工具、颜料、水彩笔。

◆ **活动过程:**

一、自主阅读,幼儿回忆书中海洋动物。

1. 幼儿翻阅图画书,观察书中出现的动物。

2. 提问:在图画书中出现了哪些动物?它们都长什么样子?身上有什么颜色和花纹?

二、幼儿操作,尝试用粘贴、拓印、线描的形式装饰海底动物。

1. 教师介绍操作材料,幼儿自主讨论。

教师:这里有不同的海底动物,但是它们都没有漂亮的衣服,想请小朋友们帮它们制作漂亮的衣服。

2. 幼儿自主选择海底动物及装饰材料。

3. 幼儿尝试创作,教师对个别幼儿及时指导。

三、教师幼儿互动，分享交流。

◆ **活动延伸：**

将装饰好的动物修剪后粘贴在海洋背景上，作为戏剧表演背景。

活动四：

◆ **活动名称：**“感受快乐”

◆ **活动领域：**社会领域

◆ **活动目标：**

1.幼儿在理解绘本《噘嘴巴的大头鱼》内容的基础上，感受什么是快乐。

2.幼儿能在讨论、操作中分享快乐。

◆ **活动准备：**

快乐的背景音乐、幼儿心情图标、快乐口袋、图画书《噘嘴巴的大头鱼》人手一本。

◆ **活动过程：**

一、故事导入，引发兴趣。

1.教师讲述故事《噘嘴巴的大头鱼》，幼儿倾听。

2.讨论大头鱼不快乐的原因。

二、通过讨论，幼儿感受快乐。

1.教师出示心情图标，幼儿粘贴。

2.分享幼儿快乐与不快乐的原因。

提问：你快乐吗？为什么？

3.幼儿讨论使自己快乐起来的方法。

教师小结：希望小朋友们都能够快乐地成长，我们要靠自己发现快乐并和别人分享快乐。

三、教师幼儿互动，体验快乐。

1.鼓励幼儿用自己的方式让自己的同伴快乐起来。

2.用唱歌、跳舞、拥抱的方式表达自己的快乐心情并想把好心情传递给身边每一个人。

活动五：

◆ **活动名称：**“海洋动物的奥秘”

◆ 活动领域：科学领域

◆ 活动目标：

1. 通过观察图片，引导幼儿了解常见的海底动物的外形特征。

2. 通过观看视频了解图画书中海洋动物的生活习性。

◆ 活动准备：

PPT、音乐、动物图片若干。

◆ 活动过程：

一、猜测游戏，激发幼儿兴趣。

教师描述特征，幼儿猜测是什么海底动物。

二、通过观看图片，了解海底动物。

1. 提问：海底世界里你们知道的动物都有哪些呢？

2. 出示图片，幼儿初步了解书中的海底动物，观察了解其外部特征。

3. 观看视频1，幼儿初步了解书中的海底动物，观察了解其生活习性。

4. 观看视频2，幼儿初步了解书中的海底动物，观察了解其生活习性。

三、幼儿操作，巩固认识海底常见动物。

1. 投放海底动物图片拼图，幼儿巩固认识海底动物特征。

2. 再次观看视频1、2，巩固之前内容。

◆ 活动延伸：

将本次活动材料投放在区域活动中，幼儿继续操作。

第三周周计划

内容 \ 时间		星期一	星期二	星期三	星期四	星期五
本月活动主题		"噘嘴巴的大头鱼"				
本周活动主题		"传递快乐"				
入 园	7:40—8:20	1.教师用微笑、拥抱、握手等传递快乐的方式迎接幼儿入园,将快乐传递给幼儿。 2.幼儿能自主选择喜欢的图画书,与同伴一起安静阅读。				
进餐、饮水	8:20—9:00 10:00—10:30 11:10—12:00 14:50—15:00 16:50—17:40	1.提醒幼儿用餐时保持桌面干净,养成良好的用餐习惯。 2.幼儿能够养成饭前便后主动洗手的好习惯。 3.提醒幼儿不要在盥洗室打闹、玩水。				
集体教学活动	9:00—9:30	语言领域 "没有结束的故事"	科学领域(探究) "美丽的海洋植物"	艺术领域 "美丽的海洋世界"	社会领域 "独特的我"	科学领域(数学) "小小统计员"
与经典为伴	9:30—10:00	经典绘本	经典故事	经典音乐	经典电影《海底总动员》	经典儿歌
户外游戏活动	10:30—11:10	快乐的螃蟹	螃蟹运球	滑滑乐	螃蟹夹球	螃蟹探险记
午 睡	12:00—14:30	1.幼儿能够将自己的衣物叠放整齐。 2.教师关注幼儿身边是否有危险物品,保证幼儿午睡时无安全隐患。				
转换环节	14:30—15:10	教师投放区域活动材料,幼儿自主选择自己喜欢的区域活动进行游戏。				
表现性活动区 探索性活动区 欣赏性活动区	15:10—16:00	名称	美工区	材料	剪刀、彩泥、画纸、水彩笔、刷子、颜料等	
			科学区		海底动植物视频及图片	
			建构区		积木、拼搭木条、奶粉罐	
			阅读区		海洋动植物相关书籍	
户外民间游戏	16:00—16:50	挖沙乐	炒黄豆	跳房子	踢毽子	黄鼠狼拉鸡
离 园	17:40—18:00	保持仪表整洁,主动和教师、同伴道别,跟随家长安全离园。				

第三周活动主题:“传递快乐”

活动一:

◆ **活动名称**:“没有结束的故事”

◆ **活动领域**:语言领域

◆ **活动目标**:

1. 幼儿在熟悉故事内容的基础上,初步尝试续编故事。

2. 幼儿能够较完整地表述自己的想法。

◆ **活动准备**:

轻音乐、《噘嘴巴的大头鱼》图画书人手一本、绘画纸、水彩笔。

◆ **活动过程**:

一、幼儿自主阅读,理解故事内容。

1. 发放图书,幼儿随音乐自主阅读。

2. 幼儿以小组为单位讨论故事情节。

3. 幼儿讲述故事内容。

二、观看图片,幼儿初步尝试续编故事。

1. 教师出示海底动物图片,幼儿大胆想象。

提问:故事并没有结束,小朋友们,在以后的日子里大头鱼还会遇到谁?他们之间会说些什么呢?

2. 幼儿观看图片,尝试续编故事。

3. 幼儿大胆想象,续编故事。

三、幼儿互动交流,积极讲述。

1. 幼儿将自己续编的故事讲给自己的小伙伴听。

2. 幼儿尝试将自己续编的故事以绘画的形式展现出来。

◆ **活动延伸**:

教师幼儿共同分享绘画后,粘贴在主题墙面上。

活动二:

◆ **活动名称**:“美丽的海洋植物”

◆ **活动领域**:科学领域

◆ **活动目标：**

1. 通过观看图片，引导幼儿了解生长在海里的常见植物。

2. 通过观看视频，引导幼儿发现常见海底生物的作用。

◆ **活动准备：**

《海底世界》视频、海底植物图片、拼图、水彩笔、素描纸。

◆ **活动过程：**

一、谈话导入，引发幼儿兴趣。

提问：小朋友们，海底除了动物，还有什么呢？

二、通过图片、视频，了解常见的海底植物。

1. 教师出示海藻图片，幼儿观察。

提问：小朋友们知道这是什么吗？它生活在哪里？

2. 播放视频，幼儿观察海藻的生长环境及其特征。

3. 教师出示蛤蜊图片，幼儿观察。

教师播放《海底世界》视频，幼儿观察并与同伴交流。

提问：蛤蜊还可以用来做什么？

4. 教师再次播放《海底世界》视频，幼儿观察并与同伴交流。

提问：(1)什么海底植物会发光？为什么呢？

(2)吃海带对我们有什么好处呢？

(3)珍珠为什么那么昂贵？

教师小结：海底不光有好多动物，还有很多植物，它们外形特征不一样，作用价值也不一样，比如：蛤蜊可以制作药材、珍珠可以让我们变漂亮、海带可以给我们的身体带来好处等。

三、再次播放视频，幼儿观看。

◆ **活动延伸：**

教师分发水彩笔及素描纸，幼儿画出自己喜欢的海底植物并进行装饰，粘贴在海洋背景上。

活动三：

◆ **活动名称：**“美丽的海洋世界”

◆ **活动领域**：艺术领域

◆ **活动目标**：

1. 鼓励幼儿尝试用刷子大胆创作海洋世界，感受色彩的渐变美。

2. 在轻松的音乐氛围中，体验创作带来的乐趣。

◆ **活动准备**：

刷子人手一把、大块背景纸、音乐、颜料。

◆ **活动过程**：

一、插画导入，幼儿欣赏。

教师出示图画书插画，幼儿感受大海的色彩美。

二、观察海洋背景，教师幼儿共同讨论。

1. 教师幼儿共同讨论运用什么绘画工具进行创作。

提问：如果我们也要画一幅这样的美丽的海洋世界，可以用什么画呢？

2. 教师幼儿共同讨论需要什么材料。

三、幼儿尝试，大胆创作。

1. 教师幼儿共同进行前期准备。

2. 幼儿随音乐大胆作画，教师巡回指导。

四、教师幼儿共同完成"美丽的海洋世界"背景。

1. 教师辅助幼儿将之前的海底动物、植物作品粘贴在海洋背景上。

2. 教师幼儿共同在背景前合影。

活动四：

◆ **活动内容**："独特的我"

◆ **活动领域**：社会领域

◆ **活动目标**：

1. 了解并欣赏自己独特的地方，初步形成积极的自我评价。

2. 知道每个人都有独特的地方，学习欣赏同伴的独特之处。

◆ **活动准备**：

图画书人手一本、视频、记录表。

◆ *活动过程：*

一、故事导入，激发幼儿兴趣。

幼儿自主欣赏绘本，与同伴交流讨论。

二、教师幼儿讨论，发现自己和同伴的优点。

1. 提问：小朋友们你有什么本领？

　　你身边的同伴有什么本领？

2. 引导幼儿说说自己独特的地方。

鼓励幼儿大胆表达，教师用文字记录下幼儿叙述的自己的独特之处。

三、观看视频，幼儿发现同伴的特长。

1. 播放家长录制的幼儿在家自己做事的视频。

2. 鼓励幼儿正确对待自己独特的地方。

四、游戏“猜一猜”。

1. 老师根据记录内容，说出该幼儿的独特之处，请其他幼儿猜猜是哪位小朋友。

2. 幼儿反复游戏。

活动五：

◆ *活动名称：*“小小统计员”

◆ *活动领域：*科学领域（数学）

◆ *活动目标：*

1. 通过操作，幼儿学会进行简单的分类统计。

2. 初步培养幼儿合作的意识和解决问题的能力。

◆ *活动准备：*

图片若干、统计表若干、水彩笔。

◆ *活动过程：*

一、图片导入。

教师出示图画书插画，提出疑问。

提问：怎么样能够又快又准确地知道画面上有多少条不同颜色的鱼？

二、分类统计

1. 统计礼物。

大海成功地举办了宴会，为了感谢大海，许多海里的动物都拿出了自己的宝贝想要送给大海。大海收到了这么多的礼物，很开心，可是实在是太多了。它想请小朋友帮助它将这么多的礼物分类并且统计出数量。

(1)分发材料，幼儿分组分类。

(2)将分类好的礼物进行统计。

2. 教师请幼儿分别说出统计的过程和结果。

提问：(1)动物们为大海准备了多少虾米、珍珠、海藻和贝壳呢？

(2)你是怎么统计的？

3. 教师分发统计表，幼儿用自己的方法将统计结果表示出来。

4. 分享自己是如何将统计结果表现在统计表中的。

◆ **活动延伸：**

1. 在区角活动中提供各类玩具、图片等材料，让幼儿继续进行分类统计。

2. 鼓励幼儿对家里感兴趣的实物进行分类统计，并且带到幼儿园来交流。

第四周周计划

内容	时间	星期一	星期二	星期三	星期四	星期五
本月活动主题		“嘛嘴巴的大头鱼”				
本周活动主题		“创造快乐”				
入 园	7:40—8:20	1.教师播放快乐的音乐,用饱满的热情迎接幼儿入园。 2.幼儿喜欢参与到早上的早操活动中去。				
进餐、饮水	8:20—9:00 10:00—10:30 11:10—12:00 14:50—15:00 16:50—17:40	1.提醒幼儿用餐时保持安静,养成良好的用餐习惯。 2.幼儿进餐时能够保持良好的坐姿。 3.提醒幼儿不要在盥洗室打闹、玩水。				
集体教学活动	9:00—9:30	语言领域 “大头鱼和我的快乐”	科学领域(探究) “海洋生物的种类”	艺术领域 “刮出美丽的海底世界”	社会领域 “友好相处真快乐”	科学领域(数学) “小小统计员”
与经典为伴	9:30—10:00	经典绘本	经典故事	经典音乐	经典电影《海洋奇缘》	经典儿歌
户外游戏活动	10:30—11:10	谁躲起来了	打地鼠	滑滑乐	球来了	快乐闯关
午 睡	12:00—14:30	1.幼儿能够在轻音乐伴随下,安静入睡。 2.教师关注幼儿身边是否有危险物品,保证幼儿午睡时无安全隐患。				
转换环节	14:30—15:10	教师投放区域活动材料,幼儿自主选择自己喜欢的区域活动进行游戏。				
表现性活动区 探索性活动区 欣赏性活动区	15:10—16:00	名称:美工区	材料:各种纸张、剪刀、水彩笔、一次性餐盘、刮画纸等			
		名称:科学区	材料:投放各种海底生物图片进行分类			
		名称:建构区	材料:积木、拼搭木条、奶粉罐			
		名称:阅读区	材料:海洋动植物相关书籍			
户外民间游戏	16:00—16:50	挖沙乐	木头人	跳皮筋	老狼老狼几点了	黄鼠狼拉鸡
离 园	17:40—18:00	幼儿能够自己整理衣物,有序离园。				

本周活动主题："创造快乐"

活动一：

◆ **活动名称**："大头鱼和我的快乐"

◆ **活动领域**：语言领域

◆ **活动目标**：

1. 理解故事内容，由大头鱼的快乐寻找并发现自己生活中的快乐。

2. 尝试用"××的快乐是××"的句式完整地说出自己或他人的快乐。

◆ **活动准备**

图画书《噘嘴巴的大头鱼》人手一本、音乐。

◆ **活动过程**

一、谈话导入，引发幼儿谈话讨论。

小朋友们，你们觉得大头鱼的快乐是什么？

这是什么表情？人的心情怎样就会微笑？

教师小结：老师今天很开心，很快乐，因为我能和小朋友在一起。老师知道你们一定也有很多快乐的事情，你愿意大声说出来和大家一起分享吗？

二、教师幼儿逐页观察图片，用"××的快乐是××"的句式完整地说出自己的快乐。

1. 出示图片，幼儿想象。

提问：(1)你觉得蛤蜊的快乐是什么？为什么呢？

(2)水母的快乐是什么？为什么？

(3)鱼小姐的快乐是什么？为什么？

2. 用"××的快乐是××"的句式说出自己的快乐。

3. 用"××的快乐是××"的句式说出别人的快乐。

三、语言游戏"我来问，你来答"，巩固句型学习。

1. 教师提出游戏规则，共同游戏。

2. 反复游戏，巩固句型学习。

◆ **活动延伸**：

提供不同的图片，投放在区域活动中，继续巩固句型学习。

活动二：

◆ **活动名称**："海洋生物的种类"

◆ **活动领域**：科学领域

◆ **活动目标**：

1. 幼儿能说出一些海洋生物的名称，并能将它们分为浮游生物、游泳生物和底栖生物。

2. 幼儿在操作中体验分类活动的快乐。

◆ **活动准备**：

1. 物质准备：PPT、海洋生物图片若干。

2. 经验准备：幼儿与家长在活动前了解浮游生物、游泳生物和底栖生物，并用自己的方式与爸爸妈妈进行记录。

◆ **活动过程**：

一、教师幼儿共同欣赏绘本。

提问：书中出现了哪些海底生物？它们都一样吗？哪里不一样？

小结：海底世界真美，有各种各样的海洋生物，它们长得不一样，生活习性也不一样。

二、认识各种海洋生物。

1. 出示PPT图片，引导幼儿说出其名称、特征和生活习性。

提问：(1)这是海底的什么生物？水母长什么样？

(2)这是什么海洋生物？海豚是什么样子的呢？

(3)这是什么海洋生物？海星生活在海面还是海底呢？

小结：水母漂浮在水面或距水面较近的水中，这种生物叫浮游生物；海豚可以自由游动，这种生物叫游泳生物；海星生活在海底，生活在水域底上或底内、固着或爬行的生物叫作底栖生物。

三、幼儿操作，进行海洋生物分类。

1. 教师分发材料，提出操作要求。

2. 幼儿操作，教师巡回指导。

3. 教师幼儿共同讨论分类结果及为什么这样分。

◆ **活动延伸：**

观看视频资料，丰富幼儿认知经验和探索兴趣，并延伸在下午区域活动当中。

活动三：

◆ **活动名称：**“刮出美丽的海底世界”

◆ **活动领域：**艺术领域

◆ **活动目标：**

1. 幼儿尝试用不同线条或形状进行刮画创作。

2. 鼓励幼儿积极参与刮画活动，体验刮画活动带来的乐趣。

◆ **活动准备：**

刮画纸、图画书插画、刮画棒、音乐。

◆ **活动过程：**

一、图片导入，引起幼儿兴趣。

1. 出示刮画纸，激发幼儿对刮刮画的兴趣。

2. 出示蜡笔画、水彩笔画，与刮画做比较，使幼儿初步了解刮刮画的独特风格。

二、观察讨论。

1. 运用课件，展示刮画的作画方法。

2. 教师出示海底世界的图片。

3. 请幼儿想一想自己想要画什么样的海底世界。

三、幼儿进行自由创作。

1. 教师播放音乐，幼儿进行自由创作。

2. 教师巡回指导，及时发现幼儿在创作过程中的情况。

四、作品分享。

教师幼儿共同讨论、分享幼儿作品。

活动四：

◆ **活动名称：**“友好相处真快乐”

◆ **活动领域：**社会领域

◆ 活动目标：

1. 通过理解故事中大头鱼与同伴的对话，引导幼儿会使用礼貌用语和用商量的口吻与同伴交往。

2. 鼓励幼儿用友好的方式与同伴合作游戏。

◆ 活动准备：

视频片段、爱心小卡片若干、区域材料、绘本、轻音乐。

◆ 活动过程

一、以游戏“拼爱心，找朋友”导入，引起幼儿交往的兴趣。

1. 教师提问：这些爱心卡片和你们平常见到的有什么不一样？

2. 幼儿游戏：拼爱心。

提问：你是怎么找到的？又是怎么说的？

教师小结：原来跟别人一起合作时要有礼貌，态度要好，别人就会觉得你很客气，就愿意和你一起合作。

二、观看《噘嘴巴的大头鱼》PPT，引导幼儿用协商性的语言与同伴交往。

1. 提问：发生了什么事？

请小朋友们一起来帮帮蛤蜊，给它出出主意，看看怎样做大头鱼才会乐意和它一起玩。

2. 教师小结：看了蛤蜊的表现，我想聪明、懂事的你们也应该知道如何与其他小伙伴一起玩了。当我们想和大家一起玩时，态度要友好，要有礼貌，学会试着和他人商量一下，用“行吗”“好吗”“行不行”这样的话取得他人的同意，这样你才会玩得开心。

三、创设情境，学习初步的交往技巧。

1. 提问：今天老师在发拼图玩具的时候，发现少了两份，所以不是每个人都能玩到拼图玩具，这可怎么办呢？

2. 鼓励幼儿用友好的方式解决游戏中出现的问题。

3. 幼儿游戏，教师巡回观察。

◆ 活动延伸：

鼓励幼儿在一日生活当中用友好的方式与同伴合作游戏。

活动五：

◆ **活动名称**："生活中的数朋友"

◆ **活动领域**：科学领域(数学)

◆ **活动目标**：

1. 初步理解数字与生活的关系，感受数字在生活中的重要性。

2. 初步培养幼儿的观察力，加深对数字的认识。

◆ **活动准备**：

钱币、时钟、温度计、遥控器、挂历、鞋、数字卡片。

◆ **活动过程**：

一、游戏导入，激发兴趣。

1. 教师快速提出让幼儿将图画书翻到指定内容那一页，幼儿游戏。

提问：你是怎样快速翻到那一页的？有没有更好的办法让翻书速度更快一点呢？

2. 小结：原来数字这么重要，我们给图画书加上数字页码会让我们看书变得更方便一些。

二、生活中的数字

1. 教师出示数字卡片，引导幼儿快速辨认。

2. 引导幼儿结合生活经验，再现生活中的数字。

生活中你们在什么地方也看到过这些数字？

教师小结：生活中到处都有数字。钱币上、体温计上、挂历上、闹钟上、鞋上、电话上都有数字。

三、与幼儿探讨、梳理不同地方的数字代表的意义

1. 教师出示报纸上剪下的天气预报图片，引导幼儿讨论，上面的数字代表什么？

2. 引导幼儿观察、探讨钟上的数字。

提问：钟上的数字在哪里？代表什么？

3. 引导幼儿观察、探讨体温计上的数字。

提问：这是什么？什么时候用到它？它上面的数字表示什么？宝宝的体温是39度，说明他怎么啦？

4. 引导幼儿观察、探讨超市饮料上的数字代表的意思。

提问:超市里摆放营养快线的架子上写着数字4,是什么意思?

5. 引导幼儿观察、探讨鞋上的数字所代表的意思。

提问:鞋子上的数字在哪里?代表什么?

教师总结:我们生活中的许多地方都有数字,不同地方的数字代表了不同的意思,数字对我们来说很重要。

◆ *活动延伸:*

教学活动结束后,幼儿尝试自制一本《噘嘴巴的大头鱼》小绘本,并为绘本添加上页码,投放在阅读区域活动当中。

附录1:幼儿园早期阅读家长问卷调查表

兰州城市学院实验幼儿园家长问卷调查表

尊敬的家长朋友:

您好！为培养热爱阅读、主动发展的幼儿,为有效建构家园一体化培养模式,我们真诚地希望您能参与。请您在下列问题的选项中,勾选出反映您想法的真实选项(可多选),署名与否均可,调查结果不公布,请您如实填写。感谢您能在百忙之中阅读并填写这份调查问卷!

【父母基本信息】

父亲年龄: 学历: 职业:

母亲年龄: 学历: 职业:

【孩子基本信息】

宝宝性别: 年龄: 所在班级: 主要看护人:

1. 您给孩子买书吗?

A. 经常 B. 偶尔 C. 视情况而定 D. 从不

2. 您家里拥有的幼儿图书数量为:

A. 20本以内 B. 20～50本 C. 50～100本 D. 100本以上

3. 您给孩子买书一般会选择哪些书籍:

A. 绘本 B. 情节丰富的故事书

C. 有教育意义的图书 D. 其他

4. 您的孩子是否喜欢阅读:

A. 非常喜欢 B. 喜欢 C. 一般 D. 不喜欢

5. 您在家是否与孩子一起亲子阅读:

A. 经常 B. 偶尔 C. 视情况而定 D. 从不

6. 在家中，主要由谁和孩子一起亲子阅读：

A. 父亲　　B. 母亲　　C. 父母一起

D. 其他__________（请写明如爷爷、奶奶）

7. 您的观念中，“亲子阅读”的概念是：

A. 家长给孩子讲故事

B. 家长教孩子识字、写字

C. 孩子自己看书，家长在旁边陪着

D. 又称亲子共读，即在家庭中大人与孩子一起阅读图书

E. 大人与孩子共同分享多种形式的阅读过程

8. 您与孩子阅读的频率为：

A. 每天进行　　B. 一周1次

C. 一周3次以上　　D. 一周不足1次

9. 您每次和孩子一起阅读的时间为：

A. 10分钟以内　　B. 10～30分钟

C. 30分钟～1小时　　D. 1小时以上

10. 在与孩子一起阅读的过程中，您通常：

A. 只讲故事，不与孩子交流

B. 很少提问，只回答孩子的提问

C. 只会提问，不回答孩子的提问

D. 主动提问，又回答孩子的提问

11. 孩子在阅读中遇到问题会主动提问并求助于您吗？

A. 经常会　　B. 偶尔会　　C. 视图书而定　　D. 从不

12. 给孩子讲完故事后，您是否会让孩子进行复述：

A. 经常　　B. 偶尔　　C. 视情况而定　　D. 从不

13. 您和孩子结束阅读的情形通常是：

A. 孩子主动要求结束阅读才结束

B. 家长按计划，到时间结束

C. 家长和孩子一起商量决定结束的时间

D. 书阅读完后自然结束

14. 您觉得和孩子一起亲子阅读有哪些好处?(可多选,请按重要程度选择)

A. 教育功能

B. 识字量增大

C. 养成阅读兴趣和习惯

D. 增强综合能力(包括审美、想象、自我管理能力等等)

E. 其他

15. 您觉得幼儿园是否应该开展早期阅读活动?

A. 非常应该　　B. 应该　　C. 不应该　　D. 随便

16. 您觉得幼儿园开展早期阅读活动有哪些好处?(可多选,请按重要程度选择)

A. 激发孩子的阅读兴趣,培养孩子良好的阅读习惯

B. 扩大孩子的知识圈,丰富生活经验

C. 提高孩子看图理解的能力,发展孩子的想象力

D. 提高孩子的语言表达能力,扩大词汇量

E. 提前让孩子学习识字、写字

F. 其他

17. 您觉得幼儿园可以开展哪些形式的早期阅读活动:(可多选)

A. 专门的早期阅读教学活动　　B. 小剧场表演活动

C. 亲子自制图画书活动　　D. 自由阅读图书活动

E. 早期阅读专题讲座　　F. 其他

18. 您需要幼儿园为您提供关于早期阅读知识经验的帮助吗?

A. 非常需要　　B. 需要　　C. 不需要　　D. 随便

附录2:早期阅读家长访谈提纲

1. 您认为早期阅读重要吗？为什么？

2. 您对幼儿园基于图画书开展教育活动了解吗？您是如何看待的？

3. 您在家中进行亲子阅读吗？采用哪些方式？

4. 您希望幼儿园为您提供早期阅读哪些方面的帮助呢？

5. 您对我园基于图画书开展教育活动的园本课程有什么想法或建议吗？

参考文献

著作类

[1]李季湄,冯晓霞.《3-6岁儿童学习与发展指南》解读[M].北京:人民教育出版社,2013.

[2]康长运.幼儿图画故事书阅读过程研究[M].北京:教育科学出版社,2007.

[3]史大胜.美国儿童早期阅读教学研究——以康州大哈特福德地区为个案[M].北京:北京师范大学出版集团,2011.

[4]季秀珍.儿童阅读治疗[M].南京:江苏教育出版社,2011.

[5]刘晓东.蒙蔽与拯救:评儿童读经[M].南京:江苏教育出版社,2009.

[6]朱自强.亲近图画书[M].济南:明天出版社,2011.

[7]朱自强.经典这样告诉我们[M].济南:明天出版社,2010.

[8][日]松居直.我的图画书论[M].上海:上海人民美术出版社,2009.

[9]林美琴.绘本有什么了不起[M].乌鲁木齐:新疆青少年出版社,2012.

[10][日]松居直.打开绘本之眼[M].海口:南海出版社,2013.

[11]陈晖.梦幻的国度——儿童图画书讲读指导[M].南宁:接力出版社,2010.

[12]柳田邦男,松居直.绘本之力[M].朱自强,译.贵阳:贵州人民出版社,2011.

[13][美]薇薇安·嘉辛·佩利.共读绘本的一年[M].枣泥,译.北京:新星出版社,2013.

[14][英]艾登·钱伯斯.打造儿童阅读环境[M].许慧贞,译.北京:五洲

传播出版社,2011.

[15][美]斯蒂芬·克拉生.阅读的力量[M].王林,译.乌鲁木齐:新疆青少年出版社,2012.

[16]陈晖.经典绘本的欣赏与讲读[M].北京:新星出版社,2012.

[17]汤锐.童话应该这样读[M].南宁:接力出版社,2012.

[18]郝广才.好绘本、如何好.[M].南昌:二十一世纪出版社,2009.

[19]王林.童书评论与教学[M].南昌:二十一世纪出版社,2010.

[20]刘占兰,廖贻.聚焦幼儿园教育教学:反思与评价[M].北京:北京师范大学出版社,2007.

[21]黄瑾.幼儿园教育活动设计与指导[M].上海:华东师范大学出版社,2007.

[22]虞永平.学前课程与幸福童年[M].北京:教育科学出版社,2012.

[23]许卓娅.幼儿园课程理论与实践[M].南京:南京师范大学出版社,2002.

[24]周兢.早期阅读发展与教育研究[M].北京:教育科学出版社,2007.

[25]虞永平.回到过程之中——幼儿园课程建构的路向[J].学前课程研究,2007(2).

[26]张春霞.不要让幼儿在图画书阅读活动中失去阅读[J].早期教育,2013(11).

[27]康长运.图画故事书与学前儿童发展[J].北京师范大学学报:人文社会科学版,2002(4).

[28]田宇,王甜甜,王冬兰.幼儿园班级图画书投放与使用现状的调查与思考——以甘肃兰州市为例[J].幼儿教育(教育科学),2013(4).

[29]刘宝根,李林慧.早期阅读概念与图画书阅读教学[J].学前教育研究,2013(7).

[30]王乃正.怀特赫斯特对话阅读方案研究对我国幼教的启示[J].内蒙古师范大学学报:教育科学版,2003(4).

[31]余珍有.图画书阅读活动特点探析——从两个活动案例说起[J].幼儿教育,2011(12).

[32]高振宇.以绘本为载体的儿童哲学对话——基于上海市某幼儿园的案例分析[J].教育导刊,2014(10).

[33]江园丽.幼儿课程开发中草根情怀的追寻[J].内蒙古教育,2014(9).

[34]孙莉莉.图画书阅读活动在幼儿园课程中的定位问题[J].幼儿教育,2012(5).

[35]李英华,张国龙.解读图画书主题的密码——关于图画书讲读中主题理解的探讨[J].河北师范大学学报:哲学科学社会版,2014(5).

[36]周兢.论早期阅读教育的几个基本理论问题——兼论当前国际早期阅读教育的走向[J].学前教育研究,2005(1).

[37]刘宝根.早期阅读活动的组织策略[J].幼儿教育:教育教学版,2010(10).

[38]刘宝根.当前早期阅读中的若干偏向[J].当代幼教,2010(9).

[39]王旭冉.学习理论对创设幼儿早期阅读环境的启示[J].福建教育学院学报,2009(1).

[40]叶明芳.幼儿绘本阅读教学的艺术同构策略[J].学前教育研究,2011(6).

[41]周兢,陈思.学前语言教育的新取向:重视儿童学业语言的发展[J].学前教育研究,2014(6).

[42]袁嘉芮.幼儿阅读偏好研究[J].图书馆建设,2013(2).

[43]耿明磊.绘本阅读对儿童发展的重要性分析及教育建议[J].湖南科技学院学报,2010(10).

[44]李林慧.学前儿童图画书阅读阅读理解发展研究[D].上海:华东师范大学,2011.

[45]唐良昀.分享阅读与自主阅读对幼儿自主学习能力的影响研究——以分享阅读教材与自主阅读教材为例[D].重庆:重庆师范大学,2010.

[46]张彤.幼儿园绘本阅读教育的个案研究[D].重庆:西南大学,2009.

[47]曹文轩.别忽略幼时读绘本[N].中华读书报,2008-04-30.

后　记

基于图画书开展幼儿园教育活动的策略研究是近几年幼儿园充分利用图画书资源开展教育活动的研究成果。

选择此方向开展研究，源于从事着面向幼儿的工作，源于曾被优美的图画书吸引，源于自己童心依然以及对图画书的喜爱。于是与东北师范大学的导师沟通、与同行探讨、与幼儿园教师交流，这个创意得到了他们的支持和鼓励，研究从梦想变为了现实。我怀揣着惴惴不安的心情面对着即将呈现在您面前的这份研究成果。“研然后知不足”，对图画书阅读这样一个跨学科、跨领域的研究，几乎使我力不从心，但我怀揣着对孩子的爱，对培养爱阅读孩子的强烈意愿，花大量的时间和精力去研究思考，研究成果中呈现的内容还不完善，还不全面，但我希望自己做的这个粗浅研究，能对同行有所裨益，能为自己的后续研究有所启发。

回溯几年的课题研究，不论是教师还是幼儿都取得了非同凡响的成长。图画书作为重要的媒介渗透在幼儿园的环境创设中，幼儿随时随地都能触摸到书；渗透在幼儿一日生活的各个方面，幼儿时时刻刻都可以阅读到书；图画书阅读的思想渗透到教师的骨髓里，教师无时无刻不在支持幼儿的阅读；图画书阅读的思想影响着家长的阅读观念，家长持之以恒地与幼儿在家中开展温馨的亲子共读。如此种种，我们将图画书阅读的种子潜移默化地种在了儿童的心田，待到春暖花开，这颗美妙的种子一定会生根发芽……

感谢我的导师东北师范大学教育学部的曲铁华教授和于冬青副教授，通过一次次的面对面探讨和无数次的邮件沟通，最终确定研究方向，明确研究思路，起草研究框架；感谢我的老师兰州城市学院幼儿师范学院的沈建洲教授、李兰芳教授在研究的过程中帮助我解决困难，并亲临幼儿园进行指导。正因为老师的精心指导，我园早期阅读教育的部分成果才得以呈现。

感谢我的领导王小丽院长、李嘉贵书记，还有夏艳萍副院长在工作中对我的支持和肯定，正是有了他们的支持，幼儿园基于图画书开展教育活动的研究才能持之不断、顺畅开展；更要感谢幼儿园的老师和我一起进行此课题的研究，从查阅文献资料、梳理相关研究成果到实践中开展基于图画书的教学活动、家园共育活动，我和老师们从懵懵懂懂到思路清晰，我们一起听课一起探讨，一起实践一起反思，保证了课题研究的顺利开展和结题。

感谢我的家人在我研究期间和成书期间的支持。当我挑灯夜读和奋笔疾书时，我的女儿心迪总是乖巧地在一旁做作业或者读书。在这里还要骄傲地告诉大家，她是幼儿园早期阅读教育开展的第一批受益者，每每想到和她一起躺在床上阅读图画书的温馨场景，每每看到她因为从小养成了阅读习惯而于目前的学习中获益，总是在研究最困难的时刻下定决心继续前行。感谢我的丈夫能理解我为培养爱阅读幼儿所付出的努力，主动承担了家庭的许多工作，让我有更多的精力和时间投入研究中去。

图画书阅读是美好的，让我们坚守在与阅读为伴的路上！

王丽娟

2017年1月